墨香财经学术文库

"十二五"辽宁省重点图书出版规划项目

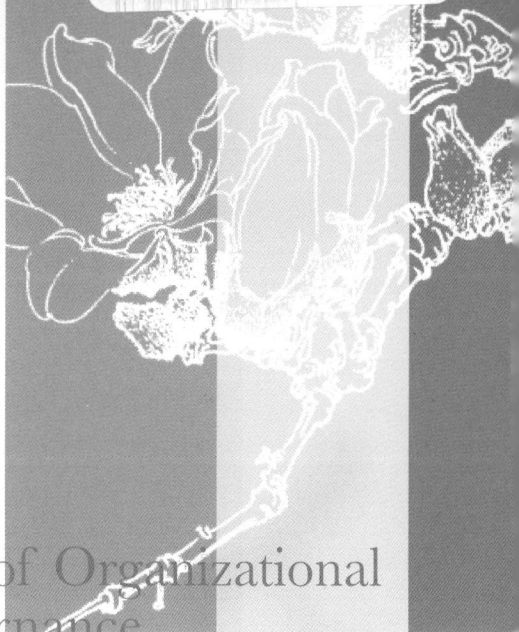

Indigenous Research of Organizational
Leadership and Governance
Theory and Demonstration

郑世林 ◎ 著

组织领导与治理的本土化研究

理论与实证

东北财经大学出版社
Dongbei University of Finance & Economics Press

大连

图书在版编目（CIP）数据

组织领导与治理的本土化研究：理论与实证 / 郑世林著．—大连：东北财经大学
出版社，2021.8
（墨香财经学术文库）
ISBN 978-7-5654-4219-3

Ⅰ．组… Ⅱ．郑… Ⅲ．企业管理–组织管理学–本土化–研究 Ⅳ．F272.9

中国版本图书馆CIP数据核字〔2021〕第107590号

东北财经大学出版社出版发行

大连市黑石礁尖山街217号 邮政编码 116025
网 址：http://www.dufep.cn
读者信箱：dufep @ dufe.edu.cn
大连永盛印业有限公司印刷

幅面尺寸：170mm×240mm 字数：193千字 印张：13 插页：1
2021年8月第1版 2021年8月第1次印刷
责任编辑：孙 平 责任校对：吴 奂
封面设计：冀贵收 版式设计：钟福建
定价：58.00元

教学支持 售后服务 联系电话：（0411）84710309
版权所有 侵权必究 举报电话：（0411）84710523
如有印装质量问题，请联系营销部：（0411）84710711

国家自然科学基金面上项目（71672024）

中国博士后科学基金面上项目（2020M670795）

前言

　　组织领导理论的"丛林"非常茂盛，从特质理论到行为理论，再到权变理论，以及后来出现的变革领导力、魅力型领导与教练型领导理论等，每种学派都有众多的理论支持者与现实践行者。中华民族包括56个民族，传统的组织治理研究历史悠久，但现代治理理论大多是依附于西方管理理论之下逐渐形成的，如整体性治理、多中心治理与自组织治理等，这些理论都具有相对较强的学术取向。不过随着中国改革开放的持续与深入，组织领导与治理研究开始显现出实用倾向，慢慢成为组织、团队与个体日常工作的指导思想和实操工具。但在组织发展过程中，由于文化与环境等因素的不同，从西方借鉴过来的领导与治理理论并不能完全满足中国本土的管理实践需要。中国有着数千年源远而厚重的历史，产生了以人为本、阴阳思想、中庸之道与人情关系等独特的本土文化和社会现象。另外，组织内员工受年龄、民族、学历、经验与地域文化等因素的影响，在心理状态、行为表现、价值观念与道德伦理等方面存在着较大区别，呈现出不同类型的显性特征。那么在世纪疫情叠加百年变局的时代背景下，如何领导组织内不同类型的员工？怎样融合中国文化精华与西方治理理论？如何基于领导与治理理论开发出适用于中国组织的人才开发模型？诸如此类的问题都亟须得到解答。

本书以国内外组织领导与组织治理的相关研究为基础，基于中国本土组织情境，结合实际问题，从组织领导、组织治理以及人才发展三个方面展开研究，逻辑结构大体上为从理论至实践，自一般到具体。在第2章的组织领导研究中，构建以人为本的领导力模型，探讨工作-家庭关系的理论整合与模型重构，以创业组织为例分析家长式领导对个体工作-家庭关系的影响机理，并厘清组织变革中工作压力的形成机理。在第3章的组织治理研究中，探究领导权威在治理过程中的功能发挥，明晰基于意识、主体与技术的治理路径，讨论时间压力对沉浸体验的影响机理，并分析工作需求对自觉体验的作用机理。在第4章的人才发展中，基于成果导向明晰人才发展逻辑，构建创新创业视角下的人才培养模式，分析人力资本与制度领导力的交互影响，并基于人力资本理论探讨了创新能力开发问题。

作者在撰写过程中，参考和引用了国内外学者的许多研究成果，并得到大连民族大学、中国大连高级经理学院、浙江大学、东北财经大学的多位老师与同学以及东北财经大学出版社编辑的大力支持和热情帮助，在此表示衷心感谢。由于作者的知识与经验的局限性，书中难免存在疏漏和不足之处，敬请广大读者批评指正。

作　者

2021 年 6 月

目录

第1章　绪论

1.1　研究背景与研究意义

1.1.1　研究背景

2021年是载入史册的一年，中国共产党迎来百年华诞，"十四五"规划顺利开局，乡村振兴战略全面推进，全面建成小康社会、全面建设社会主义现代化国家的新征程正式开启。在这样一个历史背景下，如何开展本土化的组织领导与治理研究？怎样融合中国文化精华与西方管理理论？如何基于领导与治理理论开发出适用于中国组织的人才发展模式？中国组织怎样应对不断变化的内外环境？诸如此类的问题引起了研究者们的广泛关注。"本土化"也可称为"本地化"或"民族化"，基本释义是"土生的"或"天生的"，即"在特定环境中自然而然产生或发生的"。也就是说，本土化的事物是某个民族或某地自然产生的事物，或者使某外来事物发生能够适应本地或本民族具体情境的转变，以使之契合本地的情境脉络（胡国栋，2017）。此外，随着互联网的快速发展，大数据、云计算、区块链与人工智能等数字技术变革席卷世界并在产业中大量应用，突如其来的新冠肺炎疫情更是加速了数字经济时代的进程，这些都对组织发展提供了新机会与新挑战。因此，本书基于本土化的视角，研究组织领导与治理的相关问题。

1.1.2 研究意义

本书的研究意义主要体现在理论和实践两方面。在理论意义上，第一，在整合人本主义、工作-家庭关系和组织变革等理论的基础上，探索组织领导和治理的理论模型及作用机理，对于拓展领导和治理领域研究的内涵与外延具有重要意义，能够推进人力资源管理等学科的理论研究向纵深发展。第二，顺应多层面理论交叉融合的趋势，将组织层面的宏观因素和个体层面的微观因素联系起来，从行为科学层面对领导和治理发展做出积极回应。第三，遵循多层次、多阶段、多方向的原则构建模型，揭示相关变量之间的内在关系，帮助研究者们更为深入地理解组织领导和治理的本土化表现与特点。在实践意义上，第一，为中国本土组织领导和治理的"双管齐下"建设提供思路参考，促进组织的健康平衡发展和个体幸福感的提升。第二，突出中国本土情境下组织领导和治理的独特优势，有益于弘扬中华优秀传统文化的精神之美和价值之美。第三，构建的理论模型和作用机理有助于人们更为深入地认识领导和治理资源的重要价值，有助于指导组织应对内外环境的变化。

1.2 研究目标与研究内容

1.2.1 研究目标

本书的研究目标主要有三点：第一，构建组织领导本土化研究的新模型，形成以人为本的领导力模型，探讨工作-家庭关系的理论整合与模型重构，以创业组织为例分析家长式领导对个体工作-家庭关系的影响机理，并厘清组织变革中工作压力的形成机理。第二，探寻组织治理本土化研究的新思路。研究数字乡村治理中领导权威的功能发挥，明晰乡村振兴背景下民族地区乡村治理路径，讨论时间压力对沉浸体验的影响机理，并分析工作需求对自觉体验的作用机理。第三，明确人才发展本土化研究的新范式。基于成果导向明晰人才发展逻辑，构建创新创业视角下的人才培养模式，分析乡村振兴背景下人力资本与制度领导力的交互影响，并基于人力资本理论探讨了创新能力开发问题。

1.2.2　研究内容

本书的研究内容主要包括三大部分：第一，组织领导研究。本部分主要回答如下问题：众多组织将以人为本作为其核心价值观或组织精神中的关键内容，在宣传媒介和载体上经常可以看到"以人为本"的字样或标语，那么究竟什么是以人为本？是以奋斗者为本？还是以价值创造者为本？抑或是以利益相关者为本？以人为本的领导包括哪些方面？其运作机制到底是怎样的？工作-家庭关系包括哪些类型？如何进行有针对性的工作-家庭管理？家长式领导怎样影响创业组织员工的工作-家庭关系？个体的组织变革认知对组织变革顺利推进的影响到底有多大？工作特征中哪些因素的改变能对工作压力的形成产生积极或消极影响？第二，组织治理研究。本部分主要回答如下问题：领导权威在乡村数字化治理中怎样发挥功能？乡村振兴背景下民族地区乡村治理路径是什么？时间压力如何影响沉浸体验？促进性焦虑的中介作用和决策权力的调节作用是怎样的？JDC模型与沉浸体验理论之间有着怎样的内部联系？工作需要如何影响自觉体验？工作控制在其中起到什么作用？第三，人才发展研究。本部分主要回答如下问题：如何基于成果导向促进人才发展？创新创业视角下怎样培养人才？乡村振兴背景下人力资本与制度领导力之间存在怎样的交互影响？基于人力资本理论如何开发创新能力？

1.3 研究方法与研究特色

1.3.1 研究方法

本书的研究方法主要有三种：第一，文献研究法。对有关领域文献进行系统搜集与梳理，文献是研究的依托和引导，是本书中模型构建、量表开发、定量分析等许多关键工作的前期基础。对文献的理解和阐释，是研究的前导环节，是研究成功的关键，良好的文献研究可以防止研究误入歧途。第二，理论推导法。在已有理论及相关文献的基础上，构建理论模型并进行逻辑推导，这种方法可以为本书提供坚实的理论基础。本书是有关组织领导与治理的本土化研究，涉及很多概念和变量，变量之间的关系研究需要借助量化分析方法，而理论基础是量化分析中极其重要的组成部分，特别是相关研究假设必须有对应理论作为支撑。第三，实证分析法。通过问卷调查等途径向被选取的对象了解情况并搜集数据，以数据为基础的定量研究方法比较规范，且应用 SPSS 与 AMOS 等统计软件进行实证分析，具有科学性和可重复性。

1.3.2 研究特色

本书的研究特色主要有三点：第一，在借鉴管理学、经济学、民族学和社会学等多门学科知识的基础上，从中国本土组织的领导和治理实践需求出发，基于理论推导系统构建了人本矩阵、工作-家庭关系整合模型、民族地区乡村治理路径等理论框架，在一定程度上深化和拓展了组织领导和治理的理论研究内容。第二，从组织变革和压力管理等理论出发，从实证层面提供了中国本土组织领导与治理相关变量影响的证据支持，揭示了以往研究较少涉及的微观层面的研究。第三，基于理论分析与实证检验的重要结论，结合乡村振兴等政策方针，在组织领导、组织治理和相关人才发展等方面提出了一系列对策建议，为中国本土组织的领导和治理实践提供参考和借鉴。

第 2 章　组织领导

2.1　以人为本的领导力模型

2.1.1　问题提出

以人为本的思想在中国源远流长，春秋时期的管仲就发表过"夫霸王之所始也，以人为本，本理则国固，本乱则国危"的人本思想，三国时期的刘备也提出了"夫济大事者必以人为本，今人归吾，吾何忍弃去"的人本观点。众所周知，人本主义（Humanism）是自欧洲文艺复兴和宗教改革以后，经历代思想家发展与完善而逐步形成和传播开来的（李宝元等，2017），14世纪至16世纪的文艺复兴实际上就是人类历史上一次深刻的由"神本"到"人本"的思想解放运动。到了当今的新时代，历经两千余年的以人为本思想非但没有式微，反而在理论界与实践界引起了研究热潮，其中的一个重要领域就是探索其在组织管理中的应用。本节认为，以人为本的管理或者简称为人本管理，是以实现人的全面而自由的发展为根本目的的管理理论与管理实践的统一。刘禹锡在《天论》中写道"人之所能者，治万物也"，孔子亦提出"君子务本，本立而道生"和"从心所欲不逾矩"的观点，《周易》中也有"天行健，君子以自强不息"的论述，这些实际上都论及人的全面而自由的发展。细思之，以人为本的管理不仅是一种管理思想与管理观念，还包含着一系列先进的管理方法和管理技术，更重要的是它有自己独特的合乎人性的管理模式，将道德与法律、制度与文化有机地结合在一起（姚作为，2012）。与此同时，以人为本的理论涉及管理学、心理学、教育学与社会学等多个领域，并呈现出开放性、交叉性与动态性的特点。因此，对于以人为本问题的研究，如何将其中的传统文化与现代科学进行创造性的整合，从而使人类数千年积淀下来的管理智慧服务于当代社会的各种管理实践，是研究者与实践者非常关注的内容，也是"管理学在中国"研究的重大使命之一（戴国斌，2010）。目前，学者们对以人为本的相关问题开展了大量理论研究和实践探索，取得了丰硕的研究成果。尽管如此，学术界对于以人为本的研究仍然存在着不少疑惑和不解。一方面，众多组织将以人为本作为其核心价值观或组织精神中的核心内容，在宣传媒介和载体上经常可以看到以人为本的字样或标语，那么究竟什么是以人为本？是以奋斗者为本？还是以价值创造者为本？抑或是以利益相关者为本？另一方面，以人为本包括哪些方面？其运作机制到底是怎样的？诸如此类的问题都亟须得到解答。有鉴于此，本节将深刻体现着以人为本思想的情境领导理论与DISC理论进行系统融合，构建出人本矩阵，并厘清其中的运作机制，以弥补现有研究的不足。

2.1.2 理论基础

《孝经》有云"天地之性，人为贵"，新时代的变化让人们愈发看到领导活动中"见物不见人"的局限之处。在这样的背景下，管理重心由"物本"向"人本"转变就显得尤为必要和重要，因而人本理论的出现及时回应了知识经济时代的历史要求。哲学家康德就曾做出"人是目的，而非手段"的著名论断，松下电器的创始人松下幸之助也曾提出"造人先于造物"的经营哲学，可见任何管理理论与管理实践都离不开对人的认知。进一步讲，各种管理模式的差别，很大程度上源于对人的认知不同。所以，如何认知人成为各种管理理论研究的逻辑起点，是建构理论模型的重要前提。那么，究竟应该从什么角度来认知人呢？古今中外的学者大多以人性作为研究的切入点，像中国先贤中孟子的"性本善"、荀子的"性本恶"、告子的"性无善无不善"与世硕的"人性有善有恶"观点，以及王守仁的"心学四诀"①；又如西方宗教里的原罪说，以及经典的经济人假设、社会人假设、自我实现人假设与复杂人假设，还有 Hume 的《人性论》、McGregor 的 X-Y 理论、Morse 和 Lorsch 的超 Y 理论与 Ouchi 的 Z 理论等。尽管东西方的人性学说"百花齐放，百家争鸣"，但不难看出，这些理论基本上都是在"善"与"恶"之间做出选择或者折中。人性固然重要，但正如孔子所言"性相近也，习相远也"，《中庸》中也提到"天道之谓性，率性之谓道，修道之谓教"，可见人们会受到诸多因素的影响，个体之间一般也存在着较大的差别，因此人性并不等同于人本。根据人本主义心理学，人性是心理学探索的核心所在，而这个核心是通过探索人类行为的原因而展开的。进一步讲，人本主义心理学是在对人类的需要和动机做出系统阐释的同时，展示出了基本的人性观（舒跃育，2016）。由此可见，对人的研究不仅要分析人性，还要考虑到需要、动机与行为。按照经典激励理论，需要产生动机，动机引起行为，但在现实世界中，一种动机能不能"外化"为相应的行为并有其结果，受到动机者自身是否具备实现其动机的条件及能力的限制（杨永福等，2000）。有鉴于此，笔者认为人性、需要、动机、能力与行为是进行以人为本研究的关键要素，其中人性、需要与动机可以统称为"心"，能力与行为可以分别简称为"力"和"行"，从而"心-力-行"成为构建人本矩阵的核心理论逻辑。

Korman 在 20 世纪 60 年代提出了领导生命周期理论，基于此 Hersey 和 Blanchard 创立了情境领导理论（Hersey & Blanchard，1969），并在之后不断修正这一模型。Hersey 和 Blanchard 认为领导者应该根据下属的成熟度来调整领导方式，下属的成熟度由意愿和能力的匹配水平决定，

---

① 所谓"心学四诀"，是指"无善无恶心之体，有善有恶意之动，知善知恶是良知，为善去恶是格物"。

其理论核心是塑造以人为本与因人而异的领导力。具体来看，当下属分别处于"无意愿（Unwilling）且无能力（Unable）"、"有意愿（Willing）但无能力（Unable）"、"有能力（Able）但无意愿（Unwilling）"与"有意愿（Willing）且有能力（Able）"四种阶段时，领导者对应的领导方式应该是告知式（Telling，高任务行为+低关系行为）、推销式（Selling，高任务行为+高关系行为）、参与式（Participating，低任务行为+高关系行为）与授权式（Delegating，低任务行为+低关系行为）。情境领导理论的出现，引起了学术界与实务界的广泛关注，大量组织开展了与情境领导有关的研究与培训。尽管如此，笔者认为情境领导主要有四点不足之处：第一，对人的需要、动机与行为研究不足。情境领导的重点是分析下属在完成任务时的意愿与能力匹配，没有充分考虑到更深层次的需要与动机，而需要与动机往往是影响员工绩效的关键因素。此外，即使是意愿与能力匹配相同或相似的两名员工，由于行为风格不同，其工作表现也存在着差异。第二，仅讨论下属的意愿与能力匹配，忽略了领导者的意愿与能力匹配。情境领导强调领导者应该根据下属的成熟度来改变领导风格，但领导者自身的调整意愿与调整能力如何并未提及。即使领导者准确判断出下属的成熟度水平，但若自身的意愿与能力存在问题，则仍然达不到预期的效果。第三，对下属成熟度的划分在一定程度上与现实情况脱节。情境领导根据意愿的高低与能力的强弱，将下属成熟度划分为四个阶段，但在真实工作场景中，领导者面对的经常是意愿与能力水平皆"居中"的下属。也就是说，这些员工能够完成任务，但未表现出卓越，即他们"平庸"地完成了任务。对于这样的员工应该怎样领导，情境领导并没有直接给出明确答案。第四，情境领导与情境领导Ⅱ的"并驾齐驱"，导致情境领导理论内部存在着矛盾与争议。由于与 Hersey 的观点存在分歧，Blanchard 后来又提出了情境领导Ⅱ，其与之前和 Hersey 共同构建的情境领导在理论核心与应用步骤上是一致的，但仍然存在三点主要差异：首先，情境领导Ⅱ认为当下属处于"无意愿且无能力"时，对应的领导方式是辅导型（Coaching，高任务行为+高关系行为）；当下属处于"有意愿但没能力"时，对应的领导方式是指令型（Directing，高任务行为+低关系行为)。这与情境领导的对应方式是截然相反的,而这也正是情境领导Ⅱ与情境领导的最显著区别。值得一提的是,Blanchard在情境领导Ⅱ中将"低任务行为+高关系行为"的领导方式命名为支持型(Supporting),把"低任务行为+低关系行为"的领导方式仍然定义成授权型(Delegating),但在中文翻译时,为了与情境领导相区别,Delegating经常被翻译成委托型。其次,情境领导Ⅱ中的发展阶段与情境领导中的准备度并非一一对应,并且情境领导Ⅱ里的发展阶段是连续的和动态的,而情境领导里的准备度是间断的和静态的。最后,在情境领导Ⅱ中判断能力高低的标准是与任务相关的知识与技能及可转移的知识和技能,确定意愿高低的标准是积极性和自信心;在情境领导中判断能力有无的标准是知识、技能与经验,确定意愿有无的标准是信心、承诺和动机。此外,在后续的理论应用中,情境领导主要是根据功能不同进行横向延伸,即扩展到销售、服务与教育等领域;而情境领导Ⅱ则重点是在领导力这条线上进行纵向发展,即衍生出自我情境领导、团队情境领导与一线情境领导等方向。事实上,无论是情境领导还是情境领导Ⅱ,尽管观点有所不同,但在学术界都有众多的支持者,在实践中皆取得了效果,这也正是管理学与领导学的艺术性所在。综上所述,本节用"心"包含意愿,用"力"表示能力,采用情境领导Ⅱ中下属发展阶段与领导方式的对应方式,提出个体的四种心力模式分别是有心无力、有心有力、有力无心与无心无力,对应的领导方式分别是告知式、授权式、支持式和辅导式,个体的状态既存在连续性与动态性,也存在间断性和静止性,即具有双重属性。心力模式中的"有"与"无"是在相对意义上而言的,并非绝对意义上的"完全具有"和"一点没有",而且包括水平与质量两方面。还要指出的是,心不仅包括意愿,还包括需要、动机与信心等多种主观和客观要素,涵盖的范畴更大;而力即是能力的简称,不仅指完成工作的胜任力,还包括学习力和成长力。

Marston在20世纪20年代出版了经典著作《常人之情绪》,这本书的问世标志着DISC理论的诞生。Marston(1928)认为,人的情绪反应主要是由内在能量所决定的,这些能量的基本载体是精神粒子(Psychon),精神粒子的存在与结合产生了能够制造内在能量的两种元素，分别是运动神经本性（Motor Self）与运动神经刺激（Motor Stimuli）。有些人的运动神经本性比运动神经刺激强，而有些人则弱；运动神经本性与运动神经刺激发生作用时，或对抗或联合，从而产生出四种情绪，分别是支配（Dominance）、诱导（Inducement）、顺从（Submission）与服从（Compliance）。显而易见，DISC 即是由上述四个英文单词的首字母组成的。进一步讲，Marston 创建的 DISC 理论是从情绪出发，关注行为，其内在机理是刺激引起认知反应，从而触发情绪反应，进而带来行为反应，最终产生效果，其理论核心是以人为本并着重强调情绪与行为。在后续的理论发展过程中，研究者们对 DISC 模型的坐标轴进行了改进和拓展，将横（纵）坐标设置成"理性–感性""关注事–关注人""逻辑–情感""客观–主观""工作–关系""环境对自己有利–环境对自己不利"等维度，把纵（横）坐标设置为"直接–间接""外向–内向""快速–缓慢""粗放–细致""主动–被动""自己比环境强–自己比环境弱"等维度，并通过这些维度的设置来重新定义 DISC（李海峰，2014）。与此同时，DISC 中的四个英文单词逐渐发展成 Dominance（Director 等）、Influence（Interact 等）、Steadiness（Supporter 等）与 Compliance（Conscientiousness 等）。由于对 DISC 的界定不同，目前认为 DISC 是行为风格理论的研究者有之，坚持其是性格理论的研究者亦有之，多年以来莫衷一是。事实上，Marston 研究了人们对所处环境的反应方式，其分析的不仅是人们对环境的行为反应，也包括人们的行为随环境变化而变化的系统模式，他发现个体对于环境的反应取决于此环境下个体的两种感知，即对环境的感知与对自身的感知，这两种感知在人的内心中相互影响，形成了一个人对于所处环境的行为模式（朱莉·斯乔，2014）。另外，人们进行很多 DISC 测评后会得到报告，但经过一段时间后再测，不少人会发现新结果与之前的报告并不一致，而众所周知，性格是相对稳定和持久的。因此，笔者认为 DISC 是一种行为风格理论，是情境与性格等因素共同作用的结果，可以比喻成"人类行为的语言"。进而言之，DISC 是一种与时俱进的理论框架与行为线索，其横（纵）坐标的"理性–感性"等维度可以统称为"知"，更多地强调人们如何认识世界，而纵（横）坐标"直接–间接"等维度可以统称为"行",更多地侧重在人们怎么改造世界。不难看出,"知"与"行"成为DISC模型的两个坐标轴,这与中国哲学中的知行思想紧密相连,也正像王夫之所言的"知行相资以为用"。需要说明的是,DISC行为风格包括主行为风格与辅行为风格,主行为风格与辅行为风格相互匹配,最终个体表现出的是一种综合行为风格。例如,在某情境下个体的行为风格是CI型,那么其主风格就是C,辅风格则为I,即会主要表现为C风格,并兼具I风格的一些特点。此外,DISC行为风格还包括自然行为风格与调适行为风格,所谓自然行为风格即是个体在完全放松或承受巨压时的表现,而调适行为风格则是个体为了完成任务或适应环境而进行调整后的行为风格。例如,个体的自然风格是I,但在带领团队时更多地展现出D风格,在面对上级时主要表现为S风格,在研究问题时大都呈现为C风格。具体来看,DISC四种行为风格的典型特点如表2-1所示。

表2-1　　　　　　DISC四种行为风格的典型特点

类型	支配型（D型）	影响型（I型）	稳健型（S型）	谨慎型（C型）
坐标	理性+直接……	感性+直接……	感性+间接……	理性+间接……
需要	权力、控制、地位	认同、快乐、赞美	稳定、保障、归属	专业、准确、完美
要求他人	回答直接、拿出成果	讲究信用、给予声望	提供保障、传递温暖	给出数据、保持距离
喜欢	做决定、发号施令	对人讲话、得到关注	保守、倾听、团队合作、与他人保持一致	搜集资料、思考、钻研、批判
讨厌	失去掌控、自尊被伤、被人利用	孤独、失去认同	变化、冲突、失去保障	遭受批评、缺乏逻辑性
压力下的表现	粗鲁、丧失耐心	轻率、情绪化	跟风、犹豫不决	拖延、"钻牛角尖"
正面特点（与负面特点对应）	独立、果断、意志力强、目标感/使命感强	活泼、热情、善于营造氛围与描绘蓝图	坚韧、为他人考虑、做事情按部就班	精益求精、注重细节、"距离产生美"、危机意识
负面特点（与正面特点对应）	不善与人配合、武断、易于激进、忽略他人感受	"人来疯"、"自来熟"、无法兑现承诺	顽固、不会拒绝、创新性相对较差	不易快乐、陷入细节、难以亲近、悲观主义

尽管 DISC 理论具有较强的实践性，但笔者认为其仍然存在四点不足之处：第一，坐标的设定与概念的内涵"多种多样"。Marston 提出 DISC 理论之后，众多学者对这一模型进行了修改，导致坐标轴的设定存在着多种划分方法。虽然这些划分方法拓展了 DISC 研究的理论空间，但仍然造成 D、I、S 与 C 这四个核心概念的内涵不够清晰和明确。第二，未提及中介机制与调节机制，即 DISC 理论的内部机制并不明晰。DISC 理论关于 How（如何做）的部分着墨较多，但对于 Why（为什么）的部分论述较少。进一步讲，DISC 理论从两个维度将人的行为风格划分成四种类型，但这四种行为风格发生的中介机制以及形成过程中的调节机制并没有得到阐释，这就导致相关的中介变量与调节变量匮乏，也给后续学者进行实证研究带来了诸如不便。第三，仅从行为方面探寻组织与个体问题的原因和结果。DISC 理论的应用范围十分广泛，包括领导力、人岗匹配、销售技巧与沟通协作等，这在一定程度上使得 DISC 模型成为应对各种问题的"万金油"。然而，这些问题的解决仅从个体行为着手是远远不够的，这也造成很多组织在接受了有关 DISC 的培训课程或咨询项目后，并未取得预期效果。进而言之，结果变量的多样性使得研究者们在以 DISC 模型作为分析工具时，需要考虑到其他的前因变量。第四，推广与应用过程中的混乱甚至是错误。目前存在着诸如 Discus 与 Everything DiSC 等多种 DISC 测评工具，内部算法各有不同，使得学者们对 DISC 的解读"各行其是"；按照冰山模型，DISC 到底是属于"水面之上"的行为风格？还是归为"水面之下"的性格范畴？抑或是兼而有之？学术界尚未统一观点；DISC 本为类型论，但部分研究者仍然将其与特质论相混淆，使用 D 特质、I 特质、S 特质与 C 特质的不当称谓；一些研究者对 DISC 与 PDP（Professional Dynametric Programs）、4-D（Four-dimension）System、FAP（Four-colors Personality Analysis）等理论不加区分，甚至出现了将这些理论直接等同的荒谬观点。显而易见，诸如此类的混乱甚至是错误给 DISC 理论的探索带来了不小的阻碍，但相对应的，这些问题也为 DISC 理论创造了广阔的研究空间。

2.1.3 模型构建

人本矩阵的构建主要是以深刻体现着人本思想的情境领导理论与DISC 行为风格理论为基础，两种理论可以融合主要缘于三点：第一，研究目标的一致性。情境领导理论主要研究领导力，提出领导者应该根据下属的成熟度来选择适合的领导方式。DISC 理论集中分析人的行为风格，尽管适用范围广泛，但在领导力领域强调领导者应该依照下属的类型来采用相应的领导行为。显而易见，两种理论都是旨在提高个体在不同情境下或面对不同对象时的调适能力，即研究目标是一致的。第二，两种理论的互补性。一般来说，领导理论的三大主要流派分别是特质理论、行为理论与权变理论，其中情境领导归为权变理论，DISC 理论属于行为理论，因而将情境领导与 DISC 进行融合有助于实现理论上的"互通有无"。此外，情境领导理论在 What（是什么）与 Why（为什么）上论述较多，对 How（怎么做）的说明相对不足，而 DISC 理论就How 的介绍比较充分，关于 What 与 Why 的阐释相对有限，因而情境领导与 DISC 的融合可以促进两种理论的"取长补短"。由此可知，情境领导与 DISC 在理论上是互补的。第三，主要变量的可融性。情境领导理论根据任务行为与关系行为两个维度，将领导划分成告知、授权、支持与辅导四种方式；DISC 理论通过"工作–关系"与"主动–被动"两个维度的设置，把行为划分成支配、影响、稳健与谨慎四种风格。不难发现，工作（任务）与关系是情境领导与 DISC 的两个关键变量，即情境领导与 DISC 在主要变量上是可融的。具体来讲，一方面，DISC 理论中的"主动–被动"维度与情境领导理论里的下属准备度水平具有相关性，即当下属准备度由低到高发展时，在一定程度上匹配着领导者的领导方式从主动至被动的转变。另一方面，DISC 理论中的"工作–关系"维度与情境领导理论里的领导者"任务–关系"行为是一致的，即高任务行为与低关系行为的告知式对应着工作导向的 C+D 风格，其中 C 强调告知，D 侧重直接；低任务行为与低关系行为的授权式对应着被动的 S+C 风格，其中 S 强调授权，C 侧重反馈；低任务行为与高关系行为的支持式对应着关系导向的 I+S 风格，其中 I 强调支持，S 侧重执行；高任务行为与高关系行为的辅导式对应着主动的D+I风格，其中D强调任务，I侧重关系。一言以蔽之，情境领导理论与DISC理论是系统融合的，而非简单拼接。本节主要基于情境领导理论与DISC理论，将D、I、S、C四种行为风格设为横轴，把有心无力、有心有力、有力无心、无心无力四种心力模式作为纵轴，由此构建出人本矩阵，如图2-1所示。

无心无力			
有力无心			
有心有力			
有心无力			

D　　　I　　　S　　　C

图2-1　人本矩阵

人本矩阵在形式上是由DISC与情境领导"横纵组合"而成，在实质上有着深层的运作机制：人本矩阵的核心是以人为本，其本质是推动人的全面而自由的发展，而人的发展具有阶段性与流动性的特点，当个体初入组织时，由于对新工作不熟悉或对新环境不适应，一般处于有心无力的状态，颇有些《史记》中所言的"虽不能至，然心向往之"的意味，这时主要表现出兴奋或焦虑等情绪，其中兴奋是源自对新组织或新岗位的好奇和期望，焦虑是缘于对自身知识和技能是否能够满足工作挑战的担心。在有心无力阶段，为了满足工作需要或融入组织文化，个体的调适行为风格与自然行为风格经常不一致，但对外展现的主要是正在调适中的或已经调适后的行为风格。随着能够胜任工作岗位并保持着足够的积极性，个体逐渐进入有心有力的状态，此时大多表现出愉悦或满意等积极情绪，这与Karasek开发的JDC模型中的积极工作状态和Csikszentmihalyi提出的沉浸体验具有相似性（林忠等，2014）。在有心有力阶段，个体已经适应了工作任务和组织环境，并处于激发状态，又受到人际互动的影响，调适后的行为风格开始被逐渐固化。当个体胜任某岗位后，重复的日程与单调的工作容易造成兴趣的减弱和激情的衰退，感到无法获得进一步的成长与进步，长此以往会进入有力无心的状态，这时更多地表现出无聊或厌倦等消极情绪，这主要是由于个体在工作上的"大材小用"或"过于空闲"。在有力无心阶段，个体大多已成为组织中所谓的"老人"或"闲人"，表现出的是经过职场训练和固化后的调适行为风格。最后一个阶段为个体的无心无力，此种状态可能是从有力无心自然过渡而来的，这意味着随着"无心"的长期持续，个体的能力没有得到更新或迭代，使得"有力"最终成为"无力"；也可能是由有心无力直接转变而成，这表示尽管个体开始时"有心"，但始终得不到改善的"无力"会带来沮丧或灰心，导致"有心"最后演变成"无心"。个体在无心无力阶段的典型情绪是冷漠甚至绝望，丧失了工作目标和前进方向，而这通常是个体更换岗位、主动离职或被动解雇的"前奏"。在无心无力阶段，个体通常已成为组织的"边缘人"，组织现有的制度与文化对其导向性和凝聚力相对较弱，自然行为风格开始回归并渐渐加强。综上，个体在组织中大多经历着整个或部分的"有心无力—有心有力—有力无心—无心无力"发展轨迹，即便跳槽到一家新单位后也大概率会"重现历史"。此外，当个体面对不同的任务或情境时，也会出现不同的心力模式，某种模式的持续时间与模式之间的切换频率都是随任务或情境而变。例如，个体在一段时间内，可能面临多种情境，当解决技术问题时，处于有心有力的状态；当应对管理事务时，变成有心无力的状态；当参加会议时，转为有力无心的状态；当处理客户投诉时，进入无心无力的状态。与此同时，个体为了适应环境，满足相关需要，也会根据内外条件的变化来调整自己的行为，使行为与环境相匹配，也就是行为风格会出现调适和表现多样。与心力模式同理，某种行为的持续时间与行为之间的切换频率也是变化的。由此可知，人本矩阵既有与职业生涯发展规律相一致的长期性，也有与具体任务或情境相对应的短期性，即具有时间上的二重属性。通过构建人本矩阵，本节为组织和个人提供一个有助于"知己解彼"的理论框架与分析工具，也就是努力实现《道德经》中所讲的"知人者智，自知者明"。值得注意的是，本节提出的心力模式与情境领导理论中的成熟度（准备度、发展阶段）主要有三点不同之处：首先，情境领导理论里的成熟度只是针对下属而言，人本矩阵中的心力模式不仅适用于下属，也适用于领导者，即涵盖所有组织成员；其次，情境领导理论里的成熟度是由低到高逐渐发展的，人本矩阵中的心力模式变化则是与职业生涯发展规律相一致的，并涉及员工流动与工作设计等问题；最后，情境领导理论里的成熟度与领导者的领导方式相对应，人本矩阵中的心力模式与个体的行为风格相对应，并强调个体的情绪表现。

2.1.4　结论与启示

本节主要基于情境领导理论与DISC理论构建人本矩阵，研究结论如下：第一，人本矩阵是一个与时俱进的研究逻辑和理论框架，通过4×4的结构在直观上形成16个区域，横坐标是行为风格，纵坐标为心力模式，从心、力、行三个角度分析管理中的以人为本问题，而且心、力、行这三个核心概念具有相对较强的包容性与延展性。第二，以人为本是以"心与组织文化一致，力与工作要求匹配，行与时代环境适应"的人为本，其运作机制表现在心力模式与行为风格两方面，并与个体的职业生涯发展规律和具体任务或情境是一致的，其中的心力模式既适用于员工也适用于领导者，具有动态性，而DISC行为风格的坐标可以归纳为"知"与"行"两个方面，且具有调适性。本节的管理启示如下：第一，从心、力、行三个角度全面认识自我与了解他人，找到自己与他人在人本矩阵中的位置，正如《六祖坛经》所言"迷时师度，悟了自度"，作为管理者要激活人性，及时对员工进行解惑、激励和赋能，而无论是管理者还是员工都应该做到修心、提力与适行，实现自我的真正发展。第二，科学判断个体在人本矩阵中的心力模式，进而采用有针对性的管理方式。需要指出的是，本节特别强调"心"的重要性，这与《庄子》中所提到的"夫哀莫大于心死，而人死亦次之"观点是一致的。也就是说，在改善心力模式时，应主要考虑以"心"作为着力点。第三，合理识别个体在人本矩阵中的行为风格，由此采取与任务或情境相适应的行为风格。《孟子》有云"行有不得者，皆反求诸己"，强调人们需要自我反省和自我完善，在本节中即是根据任务或情境的不同来调适自身的行为风格，进而实现随机应变和顺势而为，而不是一味地去要求对方做出改变或迎合自己。综上所述，以人为本应是以人的"心-力-行"三者辩证统一为本，从而实现组织的目标以及人的全面而自由的发展。

2.2 工作-家庭关系的理论整合与模型重构

2.2.1 问题提出

工作与家庭对于员工而言，堪比自行车的两个轮子，作为导向轮的工作和如同驱动轮的家庭，二者联系紧密、相互依存。若牵工作与家庭这二者之一发，则会动个体、组织与社会这三者之全身。进一步说，若工作与家庭之间的关系处理不当，则不仅易于产生头痛失眠、焦愁忧虑与空虚厌倦等个体层面的身心问题，也可能造成家庭暴力、婚姻破裂与感情冷漠等家庭层面的不利影响，更容易导致缺勤离职、业绩下降与工作事故等组织层面的恶性后果[①]。相对应地，如果能够科学合理地协调工作与家庭之间的关系，则会给个人、家庭与组织带来积极的正能量，有助于整个社会形成和谐的氛围。此外，工作-家庭关系的研究涉及管理学、心理学与社会学等多个领域，并呈现出开放性、交叉性与动态性的特点。因此，工作-家庭关系始终是组织行为学和应用心理学研究的热点问题，目前正处于整个理论发展的鼎盛时期，具有较好的研究前景，这也为该领域的学者们创造了良好的研究机遇。然而，学术界对工作-家庭关系的研究，大多聚焦于研究冲突，或仅仅分析平衡，抑或只是讨论增益，鲜有将冲突、平衡与增益纳入一个系统中进行全面探究的文献，特别是对移动互联网渗透企业组织结构下员工工作-家庭关系整合的探讨着墨甚少（林忠和杨阳，2016）。有鉴于此，本节从整合研究的视角，全面审视工作-家庭关系的各种类型，构建全新的工作-家庭关系管理模型（Work-Family Relations Management Model，简称 WFRM模型），并提出相应的管理启示，以期弥补现有研究的不足。

2.2.2 模型基础

工作-家庭关系研究最重要的两个概念是"工作"与"家庭"，但

---

① 公开数据显示，2020年中国结婚登记813.1万对，离婚登记373.3万对，离结比达到45.9%。

学术界对这两个概念的内涵与外延界定一直存在着争议。具体来看，争论的核心主要表现在两个方面：一是工作是否仅限于和财务报酬相关的活动。例如，志愿者的工作没有财务报酬，他们的活动能否算为工作？二是家庭是否仅限于核心家庭？所谓核心家庭，即由夫妻二人及其未婚子女组成的家庭。相对应地，主干家庭、联合家庭、单亲家庭、丁克家庭、重组家庭与空巢家庭等在当今社会普遍存在，它们能否归为工作-家庭关系研究领域中的家庭范畴？基于此，Edwards 与 Rothbard（2000）对工作和家庭的概念进行了界定，其认为工作是指为了维持生计而提供商品或劳务的工具性活动；家庭是指通过生理纽带、婚姻关系、社会习俗或收养行为联系在一起的人群。不难看出，Edwards 与 Rothbard（2000）对工作与家庭的界定很具有代表性与普遍性，可以在更广泛的意义上研究工作-家庭关系问题。因此，本节对工作与家庭两个概念的界定继续采用他们的观点。

WFRM 模型以两个子模型的构建为基础：

一是工作角色模型的构建。本节将工作角色意愿设为横坐标，数值变化为左低右高；把工作角色能力设为纵坐标，数值变化为下低上高。由此形成了不同水平的工作角色意愿与工作角色能力构成的四个象限，如图 2-2 所示。具体来看，工作角色意愿是指个体对自身在工作域投入角色资源的感知程度，与主观期望相一致；工作角色能力是指个体在工作域投入角色资源的真实水平与力量，与客观实际相一致。Csikszentmihalyi 与 Massimini（1985）指出，挑战与技能之间不同水平的匹配可以形成激发、无聊、冷漠与焦虑四种状态。其中，挑战与意愿相对应，技能与能力相对应。有鉴于此，本节将由高水平工作角色意愿与高水平工作角色能力构成的第一象限（Ⅰ）命名为"工作角色的激发状态"，处于此情境下的个体可谓"独立自主的完成者"，即他们在主观上愿意完成工作，同时在客观上也有能力做好工作；把由高水平工作角色能力与低水平工作角色意愿构成的第二象限（Ⅱ）称为"工作角色的无聊状态"，处于此情境下的个体可谓"勉为其难的执行者"，即他们在主观上对实现工作目标的意愿不足，但在客观上有能力达成工作目标；将由低水平工作角色意愿与低水平工作角色能力构成的第三象限（Ⅲ）

命名为"工作角色的冷漠状态",处于此情境下的个体可谓"置身事外的消极者",即他们既在主观上欠缺工作意愿,又在客观上匮乏工作能力;把由高水平工作角色意愿与低水平工作角色能力构成的第四象限(Ⅳ)称为"工作角色的焦虑状态",处于此情境下的个体可谓"力不从心的学习者",即他们在主观上工作热情高涨,但在客观上工作能力不足。例如,员工自认为很好地履行了工作职责,但领导觉得其并未实现预期的工作目标,这表示工作角色意愿与工作角色能力出现了分歧。换个角度,倘若员工本人与上级领导都认为其出色地完成了工作,则一般可以得出工作角色意愿与工作角色能力相统一的结论,即员工的工作角色意愿与工作角色能力实现了较好的匹配。

工作角色能力 高	Ⅱ:无聊 (迫不得已的被动者)	Ⅰ:激发 (充分参与的成熟者)
低	Ⅲ:冷漠 (事不关己的脱离者)	Ⅳ:焦虑 (力不从心的参与者)
	低 工作角色意愿	高

图2-2 工作角色模型

二是家庭角色模型的构建。本节将家庭角色意愿设为横坐标,数值变化为左低右高;把家庭角色能力设为纵坐标,数值变化为下低上高。由此形成了不同水平的家庭角色意愿与家庭角色能力构成的四个象限,如图2-3所示。具体来看,家庭角色意愿是指个体对家庭域的角色投入动力与主观期望程度,家庭角色能力是指个体对家庭域的角色投入资源与客观实际付出。进一步地,本节将由高水平家庭角色意愿与高水平家庭角色能力构成的第一象限(Ⅰ)命名为"家庭角色的激发状态",即此时的个体在主观上对履行家庭责任的意愿强烈,同时在客观上也有能力尽可能多地参与家庭活动,可谓"充分参与的成熟者";把由高水平家庭角色能力与低水平家庭角色意愿构成的第二象限(Ⅱ)称为"家庭角色的无聊状态",即此时的个体在主观上对于家庭生活的热情不足,但在客观上有能力达成家庭目标,可谓"迫不得已的被动者";将由低水平家庭角色意愿与低水平家庭角色能力构成的第三象限(Ⅲ)命名为

"家庭角色的冷漠状态"，即此时的个体在主观上对于参与家庭生活的意愿不足，同时对于家庭任务的完成能力不够，可谓"事不关己的脱离者"；把由高水平家庭角色意愿与低水平家庭角色能力构成的第四象限（Ⅳ）称为"家庭角色的焦虑状态"，即此时的个体愿意完成家庭角色的目标，但缺乏与之相应的家庭角色能力，可谓"力不从心的参与者"。例如，员工认为本身充分参与了家庭生活的各种活动，但家人觉得其并没有承担起相应的家庭责任，这意味着家庭角色意愿与家庭角色能力产生了偏离。反观之，如果员工自身与其家人都认为其很好地扮演了家庭生活中的角色，则家庭角色意愿与家庭角色能力达成了较好的匹配，即员工的家庭角色意愿与家庭角色能力相一致。

家庭角色能力 高	Ⅱ：无聊 （迫不得已的被动者）	Ⅰ：激发 （充分参与的成熟者）
低	Ⅲ：冷漠 （事不关己的脱离者）	Ⅳ：焦虑 （力不从心的参与者）
	低 家庭角色意愿 高	

图 2-3　家庭角色模型

2.2.3　模型的构建与特点

（1）WFRM 模型的构建

本节在工作角色模型（图 2-2）与家庭角色模型（图 2-3）的基础上，以工作角色意愿与工作角色能力匹配而成的四种类型作为横轴，将家庭角色意愿与家庭角色能力匹配而成的四种类型作为纵轴，构建出 WFRM 模型，如图 2-4 所示。其中，将低工作角色意愿与低工作角色能力匹配而成的冷漠状态赋值为 1，把高工作角色能力与低工作角色意愿匹配而成的无聊状态赋值为 2，将高工作角色意愿与低工作角色能力匹配而成的焦虑状态赋值为 3，把高工作角色意愿与高工作角色能力匹配而成的激发状态赋值为 4；将低家庭角色意愿与低家庭角色能力匹配而成的冷漠状态赋值为 A，把高家庭角色能力与低家庭角色意愿匹配而成的无聊状态赋值为 B，将高家庭角色意愿与低家庭角色能力匹配而成的焦虑状态赋值为C，把高家庭角色意愿与高家庭角色能力匹配而成的激发状态赋值为D。由此，形成了16种子工作-家庭关系类型，分别是1A（工作角色冷漠+家庭角色冷漠）、2A（工作角色无聊+家庭角色冷漠）、3A（工作角色焦虑+家庭角色冷漠）、4A（工作角色激发+家庭角色冷漠）、1B（工作角色冷漠+家庭角色无聊）、2B（工作角色无聊+家庭角色无聊）、3B（工作角色焦虑+家庭角色无聊）、4B（工作角色激发+家庭角色无聊）、1C（工作角色冷漠+家庭角色焦虑）、2C（工作角色无聊+家庭角色焦虑）、3C（工作角色焦虑+家庭角色焦虑）、4C（工作角色激发+家庭角色焦虑）、1D（工作角色冷漠+家庭角色激发）、2D（工作角色无聊+家庭角色激发）、3D（工作角色焦虑+家庭角色激发）、4D（工作角色激发+家庭角色激发）。在图2-4中，本节将被阴影覆盖的即除1A与4D以外的区域定义为工作-家庭冲突，将区域1A定义为工作-家庭恶化，将区域4D定义为工作-家庭增益与工作-家庭平衡。也就是说，对于工作角色意愿、工作角色能力、家庭角色意愿与家庭角色能力，这四项有高有低，即为工作-家庭冲突；四项皆高，即为工作-增益或工作-家庭平衡；四项皆低，即为工作-家庭恶化。

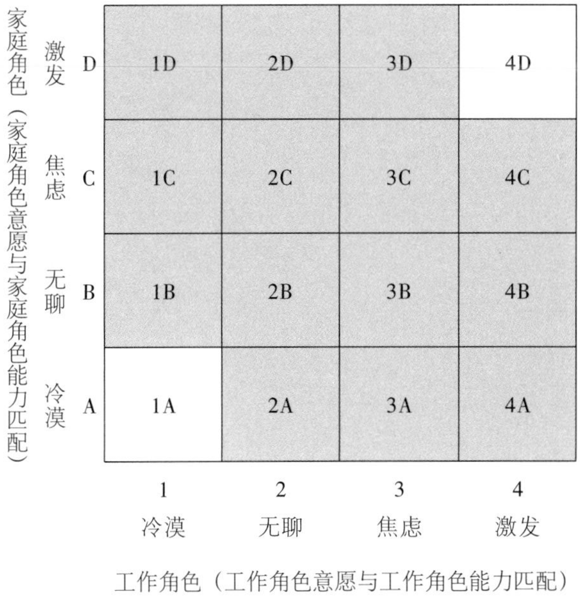

图2-4　WFRM（Work-Family Relations Management）模型

（2）工作-家庭冲突

工作-家庭冲突是指一种角色间冲突的形式，在这种形式下来自工作域与家庭域的角色压力在某些方面是互不相容的（Greenhaus & Beutell，1985），而且具有双向性（Greenhaus & Powell，2006）。不难发现，在WFRM模型内的阴影区域内，个体的工作角色与家庭角色之间呈现出一种消极关系，进一步讲，存在某些互相排斥的特征。有鉴于此，本节将WFRM模型的阴影部分确定为个体的工作-家庭冲突状态，此时个体的工作-家庭关系存在14种表现形式，如图2-4所示。对于4A、4B与4C区域内的工作-家庭冲突，可能是由于个体在工作角色中投入了过多的时间与精力，导致无法照顾家庭，进而造成了工作对家庭冲突；也可能是因为个体的家庭角色处于冷漠或无聊状态，但家庭的存在与需要恰恰是很多人努力工作的重要原因，家庭归属感与驱动力的缺失会对工作热情与绩效产生负面作用，否则会形成更高水平的工作角色激发状态；亦可能是由于个体的家庭角色处于焦虑状态，这种压力延伸到工作角色而引起不利影响。对于1D、2D与3D区域内的工作-家庭冲突，其原理与4A、4B与4C相同，只是作用方向相反。对于3C区域内的工作-家庭冲突，主要是因为工作角色意愿与家庭角色意愿的水平都相对较高，但工作角色能力与家庭角色能力的水平未能与之相匹配，且个体的时间与精力有限，如果提高工作角色能力/家庭角色能力，就无法增强家庭角色能力/工作角色能力，其中的焦虑情绪可能加剧了这种对立性，进而形成工作-家庭冲突的结果。对于3A与3B区域内的工作-家庭冲突，可能是由于个体对工作过于重视和付出导致对家庭生活的关注不足，形成工作对家庭冲突；也可能是因为家庭角色不如意，个体为了转移注意力，将更多的时间与精力投入到工作中，对工作角色的期望较高，但这种期望超出了具备的能力，从而产生出力不从心的结果，影响了工作状态，即形成家庭对工作冲突。对于1C与2C区域内的工作-家庭冲突，其原理与3A与3B相同，只是作用方向相反。对于2A区域内的工作-家庭冲突，可能是因为家庭角色的冷漠对个体的工作意愿产生消极作用，形成家庭对工作冲突；也可能是由于工作状态不佳给个体的家庭角色带来负面影响，引起工作对家庭冲突。对于1B区域内的工作–家庭冲突，其原理与2A相同，只是作用方向相反。对于2B区域内的工作–家庭冲突，可能是由于个体的工作角色意愿相对较低，受性格等因素的作用，使得家庭角色意愿也相对较低；反之，亦然。不可忽视的是，随着网络通信技术的发展，当员工离开办公室后可能会体验更严重的工作–家庭冲突（Butts et al.，2015）。此外，中国计划生育政策产生的独生子女群体已经陆续成家立业，从原生家庭分离出来组成新生家庭，双独（双方均为独生子女）夫妻越来越多，他们承担的家庭责任也日益增强，不仅要负责照顾双方年迈的父母，而且还得为年幼的子女提供优质的教育资源和成长环境，这些都易于造成工作与家庭之间的冲突。在现实生活中，工作对家庭冲突比较常见，但家庭对工作冲突也不能被忽视。已有研究表明，家庭角色超载与家庭对工作冲突正相关。当家庭任务干扰工作时，与工作相关的资源会减少，但与家庭相关的资源会增加，而且家庭干扰工作对压力具有预测作用。

（3）工作–家庭增益

随着积极心理学的兴起与发展，学者们对工作–家庭关系的研究由工作–家庭冲突等消极构念逐渐扩展到工作–家庭增益等积极构念。工作–家庭增益是衡量积极工作–家庭关系诸多构念中的一个，但由于其较为强调员工个人层次工作绩效与生活质量的相互提高，因此学者们大多更倾向于选择工作–家庭增益这一构念进行相关研究。工作–家庭增益是指参与一种角色的经历有助于提高另一种角色生活质量的程度，并且具有双向性（Greenhaus & Powell，2006）。如图2-4所示，在WFRM模型的4D区域，个体的工作角色与家庭角色都处于激发状态，而且在总体上参与工作角色的经历有助于提高家庭角色的质量，或者参与家庭角色的经历有助于提高工作角色的质量。在4D区域，家庭角色意愿与家庭角色能力的匹配和工作角色意愿与工作角色能力的匹配都处于较高水平，而且彼此相得益彰。对于工作对家庭增益，人们从工作域中获得的资源有利于其更好地参与家庭域的生活。例如，从工作中获得的收入能够改善家庭生活条件，而职务的晋升通常可以增强个体在面对家庭问题时的自信。对于家庭对工作增益，当人们卷入家庭域或投资家庭域时，他们往往会积累家庭对工作增益的资源[7]。例如，养育与看护经历能够使个体发展与工作相关的技能并拓展工作场所之外的视野，包括应对多重任务的技能、学会换位思考、更加有礼貌与用发展的态度对待他人等。中国有句古话叫"家和万事兴"，可谓对家庭生活重要性的最佳诠释。

（4）工作–家庭恶化

个体工作–家庭关系的典型消极表现是工作–家庭冲突，但有时个体在工作域与家庭域都出现非常负面的状态，工作角色与家庭角色之间已经不再是冲突的关系，而是达到了更为不利的彼此恶化程度。基于此，本节提出了工作–家庭恶化的概念。通过借鉴 Greenhaus 和 Powell（2006）对工作–家庭增益的概念界定，本节认为，工作–家庭恶化是指个体的工作角色水平与家庭角色水平都相对很低，并且参与一种角色的经历有害于另一种角色的生活质量，包括工作对家庭恶化与家庭对工作恶化两个方向。其中，工作对家庭恶化是指工作角色的经历引起家庭角色生活质量的下降，家庭对工作恶化是指家庭角色的经历造成工作角色生活质量的降低。在 WFRM 模型中，工作–家庭恶化处于 1A 区域，此时个体的工作角色与家庭角色都处于冷漠状态，如图 2-4 所示。进一步讲，当经历工作–家庭恶化时，个体的工作角色意愿、工作角色能力、家庭角色意愿与家庭角色能力水平都相对较低，即处于一种全面消极的状态。换句话说，工作角色意愿与工作角色能力的匹配和家庭角色意愿与家庭角色能力的匹配都很低，意味着个体在工作域与家庭域投入的主观资源与客观资源都存在较大不足。如果工作角色意愿与工作角色能力的匹配和家庭角色意愿与家庭角色能力的匹配持续消极发展，则个体的工作角色与家庭角色交互消极影响的水平也相应提高，形成更加恶化的工作–家庭关系。

（5）工作–家庭平衡

工作–家庭平衡是指个体在工作角色与家庭角色中获得的成效和满意与个体把优先权给予哪种角色相一致的程度（Greenhaus & Allen，2011）。也就是说，如果在个体的自我概念中工作优先于家庭，那么个体会在工作中投入更多的时间与精力；反之，个体则在家庭中投入更多的时间和精力。尽管投入的时间与精力在客观上不相等，但个体可以从工作角色与家庭角色的成效与满意中感到工作-家庭平衡。由此可见，个体的工作-家庭平衡是一种动态的相对平衡，会随着工作角色与家庭角色在个体心目中的重要程度变化而变化。此外，学者们对工作-家庭平衡结果的研究多集中在平衡给工作和家庭带来的满意感、对生活质量的提高与对组织的承诺等积极方面（王晶等，2010）。有鉴于此，本节将具有积极动态特点的工作角色意愿与工作角色能力匹配和家庭角色意愿与家庭角色能力匹配的所有相对平衡点的集合定义为工作-家庭平衡，处于 WFRM 模型里的 4D 区域。之所以位于 4D 区域，主要是基于 Greenhaus 与 Allen（2011）对工作-家庭平衡的概念界定。根据此定义，工作-家庭平衡是一个积极的概念，而 4D 区域是 WFRM 模型中唯一的工作角色与家庭角色皆处于积极状态（激发）的区域。尽管工作-家庭平衡与工作-家庭增益都位于 4D 区域内，但二者存在着明显的不同，主要表现在以下两个方面：一是，处于 4D 区域内的工作-家庭平衡表示个体的工作角色与家庭角色之间并不存在增益，即既不包括工作对家庭增益也不包括家庭对工作增益，但个体可以从工作角色与家庭角色中感受到成效与满意，是一种相对的平衡状态。二是，处于 4D 区域内的工作-家庭平衡与工作-家庭增益处于一种动态的变化之中，当个体经历的工作-家庭增益达到一定程度时，增益不再进行而平衡出现，这种平衡持续一段时间，之后由于内外部因素的作用，再次进入工作-家庭增益的状态，可能是工作对家庭增益，也可能是家庭对工作增益。进一步讲，对于工作-家庭平衡，家庭角色意愿与家庭角色能力匹配和工作角色意愿与工作角色能力匹配都处于较高的水平，而且彼此相对均衡。较高水平的家庭角色意愿与家庭角色能力匹配和工作角色意愿与工作角色能力匹配意味着个体在工作域与家庭域投入的主观资源与客观资源恰当且统一。虽然工作角色与家庭角色对个体的重要性不同，但都是其生活的重要组成部分。

2.2.4　结论与启示

（1）研究结论

本节构建了全新的工作-家庭关系研究框架，即 WFRM 模型，主要结论如下：一是，工作角色意愿与工作角色能力匹配和家庭角色意愿与家庭角色能力匹配是对原有工作角色和家庭角色概念的拓展与深化。二是，WFRM模型存在16个区域，代表着工作角色冷漠/无聊/焦虑/激发与家庭角色冷漠/无聊/焦虑/激发的不同组合。三是，工作-家庭关系研究领域的概念除了工作-家庭冲突、工作-家庭平衡与工作-家庭增益外，还存在着工作-家庭恶化。四是，工作与家庭之间的各种关系能够系统地集成到一个模型中，通过此模型可以比较直观地判断出个体的工作-家庭关系类型，进而实施有针对性的管理。

（2）管理启示

第一，对于工作-家庭冲突，需要区分工作对家庭冲突与家庭对工作冲突两种类型，识别由冷漠、无聊、焦虑与激发组成的14种表现形式。本节认为，网络管理策略可以有效应对个体的工作-家庭冲突问题。在本节中，以微信这种移动互联网软件为例进行说明。微信是腾讯公司于2011年1月推出的一款为智能终端提供即时通信服务的应用程序，支持通过移动互联网发送语音、视频、图片与文字等，并且可以进行单独聊天与群体聊天，目前微信在海内外的用户数量已超过10亿。网络管理策略是指通过全新的移动互联网社交工具，打破人际关系链条，实现即时的"互通有无"，促使工作与家庭都更具人情味与时代感，推动工作-家庭关系由消极向积极转变。例如，随着孩子的降生，员工可能出现因为加班无法及时照料孩子或由于照顾孩子造成上班迟到等工作-家庭冲突问题。但是通过微信这种移动互联网工具，员工在家里仍然可以就工作问题与同事即时沟通，同时还能够照顾孩子，实现"一心二用"，而不是选择加班（放弃看护小孩）或选择看护小孩（放弃加班）。需要注意的是，过去采用的传统远程工作方式，虽然实现了个体的家庭办公，但个体仍然被限制在电脑周围，无法全面地履行家庭责任，可是移动互联网化的工作方式很好地弥补了这一点。需要说明的是，这仅是网络管理策略应用的一个方面，组织可以借助多种工具、采用多种措施来应对工作-家庭冲突。

第二，对于工作-家庭增益，需要区分工作对家庭增益与家庭对工作增益两种类型，识别出个体的激发状态，应该在巩固已有增益状态的同时，推动工作-家庭增益向着更高层次发展。本节认为，游戏管理策略可以有效促进与维持个体的工作-家庭增益。游戏化（Gamification）的原意是利用从视频游戏中借鉴的科技手段来吸引顾客，把游戏中的娱乐性应用在非游戏领域，诸如三星、孩之宝与SAP等全球著名公司都采用了游戏化的方案。游戏化并不是一个成瘾系统，因为它必须建立在个体的需求之上，其核心就是促进内驱。在工作-家庭关系管理中，采用游戏化策略的目的是使个体更快乐、更自觉地实现工作角色意愿与工作角色能力在更高水平上的匹配和家庭角色意愿与家庭角色能力在更高水平上的匹配。因此，组织应该给予员工适当的工作角色任务与家庭角色任务，对任务设置相应的级别，并提供目标等激励因素，类似于电脑游戏中的"闯关机制"和"金币奖励"，促使任务更加具有吸引力，有利于员工全身心参与到工作角色或家庭角色中，甚至产生沉浸体验，进而显著提高工作角色意愿与工作角色能力的匹配程度和家庭角色意愿与家庭角色能力的匹配程度。此外，组织可以在游戏化方案中应用通信软件、线上社区与在线支付等科技工具增加员工之间的关注和感情，形成示范作用和互助效应，有助于同时在更高水平上引导出工作角色与家庭角色的激发状态。例如，组织可以定期举办"工作-家庭增益日"活动，在活动期间，员工不仅可以带上配偶与孩子，还可以带父母来到组织，一方面可以有助于亲人了解员工的工作职责与状态，另一方面可以通过家庭竞赛等活动，增加家庭成员之间的默契与感情。

第三，对于工作-家庭恶化，需要辨别工作对家庭恶化与家庭对工作恶化两种类型，识别出个体的冷漠状态，应该将工作角色意愿与工作角色能力匹配和家庭角色意愿与家庭角色能力匹配都调整到较高水平。本节认为，文化管理策略可以有效应对个体的工作-家庭恶化问题。文化管理的目标是促使员工在组织中找到归属感，以便有可能更深入、更持久地实现工作角色意愿与工作角色能力在更大程度上的匹配和家庭角色意愿与家庭角色能力在更大程度上的匹配，但家庭角色意愿与家庭角色能力大多受家庭因素的影响，组织不便也无力对其进行直接管理，而工作角色意愿与工作角色能力主要受组织因素的影响，因此组织应该以调整员工的工作角色意愿与工作角色能力为着力点，进而影响家庭角色意愿与家庭角色能力，最终改变整体的恶化状态。组织可以采用如下管理要点：首先，使命驱动与团队协作。如果组织能够解释清楚为什么确立的愿景能够激动人心，则可以强烈地激励员工。此外，不只是向员工解释工作的重要性，更多的是要向员工说明其正在从事一项具有独特性的关键使命，证明他是与众不同的。然而，仅有使命驱动也是不够的，倘若员工不愿与周围人共事，则不利于合作发展与协同创新，更不可能找到安全感。因此，团队协作方面的建设就显得格外重要。其次，未来报酬与情感纽带。现金奖励对于员工具有一定的激励性，但高薪有时会诱使其保持现状，维持目前的收入，而不是在长远上与组织一起发现问题并解决问题。通常来说，用现金支付的报酬大多是关于现在与过去，而非着眼于未来。相比之下，在制度上引入未来报酬的方式，意在引导员工不断提升自己，在未来创造出更多的价值。通过文化的软性作用，用爱感染员工，使员工与组织产生并形成情感纽带，与硬性的报酬相互促进。最后，反馈家庭与水平提升。组织通过对工作角色意愿与工作角色能力的直接管理，借助文化的凝聚效应，影响员工的家庭角色意愿与家庭角色能力，即反馈家庭，例如，对于子女年龄较小的员工实行弹性工作制，对于家人病重需要护理的员工实行适当的带薪休假，对于夫妻异地的优秀员工安排其家属工作等。

第四，对于工作-家庭平衡，可以尝试建设性地打破这种平衡，转成工作-家庭增益，力图在更高水平上形成新的工作-家庭平衡。学者们对工作-家庭平衡前因变量的研究包括工作域与家庭域两个方面，其中与工作相关的前因变量主要包括工作特征、工作角色卷入和组织支持，而与家庭相关的前因变量主要包括家庭特征、家庭角色卷入和家庭支持（王晶等，2010）。因此，为了更好地从特征、卷入与支持等方面管理工作-家庭平衡，本节认为模块管理策略可以有效发展个体的工作-家庭平衡。在互联网时代，组织运营的一个重要特征即是模块化的思维。模块化（Modularity）最初用于产品设计领域，即运用系统工程的原理，将复杂的工程产品分解成系列化、层次化与标准化的单元模块，根据这些模块组合成不同的产品，诸如丰田、联发科与IBM等国际一流企业都采用了模块化的方案。在本节中，模块管理策略是指对于工作-家庭平衡,组织可以自主研发或与其他机构合作,建立现代化的管理信息系统,借助成熟的模块组合,快速形成个性化的解决计划,满足员工的角色需求,进而提高员工的工作角色意愿与工作角色能力匹配和家庭角色意愿与家庭角色能力匹配,实现工作-家庭平衡的规模化解决方案。实际上,不少员工的工作-家庭平衡情形都很类似,组织可以针对一些常见的工作-家庭平衡现象进行归纳分类,建立搜索引擎,员工遇到问题时可以从中选择一些套餐,组织据此进行统一管理。例如,很多员工原有的工作-家庭平衡状态是被无法送子女上学或接子女放学打破的,因此组织可以利用自身的资源或与外部机构合作,将这些孩子送到学校或接回员工身边。

2.3 家长式领导与工作-家庭关系

2.3.1 问题提出

创业不仅能够帮助创业人员解决生存发展问题,还可以给他人带来就业机会,进而为社会创造巨大价值。党的十九大报告中就提到"激发和保护企业家精神,鼓励更多社会主体投身创新创业",而且政府出台了很多帮助创业的优惠政策,可见目前国家对创业的重视度与扶持度非常大。另外,随着大数据、电子商务与移动互联网等现代科技的高速发展,创业的门槛越来越低且渠道越来越多。相比传统,互联网情境下的创业活动呈现出开放性、无边界性和强互动性等新特点(王重鸣和吴挺,2016)。华为、腾讯与新东方等众多创业公司的成功,也在社会中发挥着不可忽视的示范效应。与此同时,受中国传统儒家思想、中庸思维方式和差序格局形成的"水波纹"文化的影响,中国企业管理者的领导方式具有明显的"家长式作风",突出表现为长(父)辈的权威、仁慈和道德模范作用(毛翠云等,2018)。诸如娃哈哈、胜利油田与红星美凯龙等企业都倡导家文化的组织氛围并具有家长式领导的风格,这也促成了此类企业在创业阶段的成功以及后续的不断发展。事实上,在家长式领导这种传统思想的指导下,很多组织与个人都奉行着"以厂为家"的观念①。作为创业重要资源的员工，在工作中需要投入大量的感情、时间与精力，这不可避免地会影响到其家庭生活。尽管"以厂为家"的经营哲学深入人心，但在严格意义上，企业终究不同于家庭，怎样才能促进创业组织员工工作与家庭的和谐发展，也就成了亟须解决的重要问题。然而，笔者通过检索 EBSCO 数据库与 CNKI 数据库，发现鲜有文献涉及创业企业员工的工作-家庭关系问题，而将家长式领导纳入其中进行分析的研究更是被学者们所忽视。此外，中国情境下的独特现象和创业研究问题与西方成熟经济体系相比存在较大的差异性（蔡莉和单标安，2013）。因此，本节以新时代下的创业大潮为研究背景，以创业组织为分析对象，深入分析家长式领导对创业组织员工工作-家庭关系的影响机理，一方面可以弥补以往研究的不足，另一方面能够为领导力领域与创业领域的管理创新提供一种理论借鉴。

2.3.2 机理分析

Timmons（1999）根据机会、资源与创业者三者之间的互动而构建出创业过程模型，其中的识别机会是创业的核心驱动，获取资源是创业的必要支持，创业者是创业的关键要素。机会、资源与创业者三个维度组成了一个动态平衡的三角结构。一般来看，创业初期的机会较多但资源相对有限，创业过程模型会倾向于靠近机会一侧；但随着创业过程的持续，企业逐渐拥有相对充足的资源，而机会可能变得有限，创业过程模型有向资源一侧倾斜的趋势。因此，创业者需要不断地寻找机会，并合理运用资源，使创业过程保持相对稳定的平衡，促进企业的生存与发展。"家"是中国最基本的传统社会单位，并且形成了一套完整的伦理道德规范与态度行为体系。虽然经济、社会与文化等环境持续发生变化，但家庭仍然对制度具有巨大的影响，并对包括市场经济在内的大部分经济活动负有责任。家长式领导作为根植于中国传统文化且在华人组织中比较流行的领导方式之一，意指在人治的环境下，所表现出来的家

---

① 中国文化的演进是在保留血缘之家的基础上，进行的文化升级。从村落血缘一"姓"，到数姓联合之"氏"，再到多姓联合之"国"。在这样一个既保留血缘基础，又实现文化不断升级的社会中，"家"成为中国文化的基本单位，由"家"而来的观念，成为中国文化的基本单元。

长般的仁慈、权威、纪律与道德廉洁的领导方式（张永军等，2017）。其实，家长式领导在很多国家与民族都存在，但在中国的传统文化中表现得更为明显。从理论与现实中都可以发现，家长式领导并不局限于家庭与家族内部，其已扩展到社会的各个方面。也就是说，在家庭与家族以外的组织中，中国人仍然会按照家长式领导的传统进行组织活动，即存在家长式领导的影响。这种影响主要表现在三个维度，分别是结构与运作、角色与伦理、态度与行为。具体来看，第一，把家的结构形式与运作机制，应用到家之外的组织中。也就是说，参照家的结构来建立并根据家的逻辑来运作其他组织。第二，把家里的角色定位与伦理关系，概化到家之外的组织中。由此看来，其本质是将非家组织内的成员家人化，将组织成员间的关系伦理化。第三，把家中的态度与行为，扩展到家之外的组织中。可以理解为，在非家组织中，不做改变或稍做改变地将家里的生活经验进行采纳。由此可见，在家长式领导的影响下，创业组织员工的工作-家庭关系也会表现出这三个方面的特征。工作与家庭对于员工而言，堪比自行车的两个轮子，作为导向轮的工作和如同驱动轮的家庭，二者联系紧密、相互依存。若牵工作与家庭这二者之一发，则会动个体、组织与社会这三者之全身（郑世林和夏福斌，2017）。而且，工作与家庭都是社会的子系统，皆具有向更高层次发展的倾向，这个倾向促使人们努力获取对自身发展有益处的资源并加以利用，来增强参与工作系统与家庭系统的活动能力。进一步讲，社会中的各种资源是和谐工作-家庭关系产生的基础，人们在工作系统与家庭系统之间移动，通过自身与环境的交互作用获得资源，进而推动自身的发展。创业过程的复杂性与动态性要求创业组织员工付出更多的时间与精力。与此同时，中国的家长式领导已经影响到经济与社会的很多方面，家族之外的任何组织在一定程度上都可以看成是家的扩展。因此，创业组织员工的工作-家庭关系，一方面受到创业过程特殊性的影响，另一方面受到家长式领导的影响。有鉴于此，本节聚焦研究家长式领导对创业组织员工工作-家庭关系的影响机理，并构建了具体模型以进行直观分析，如图2-5所示。

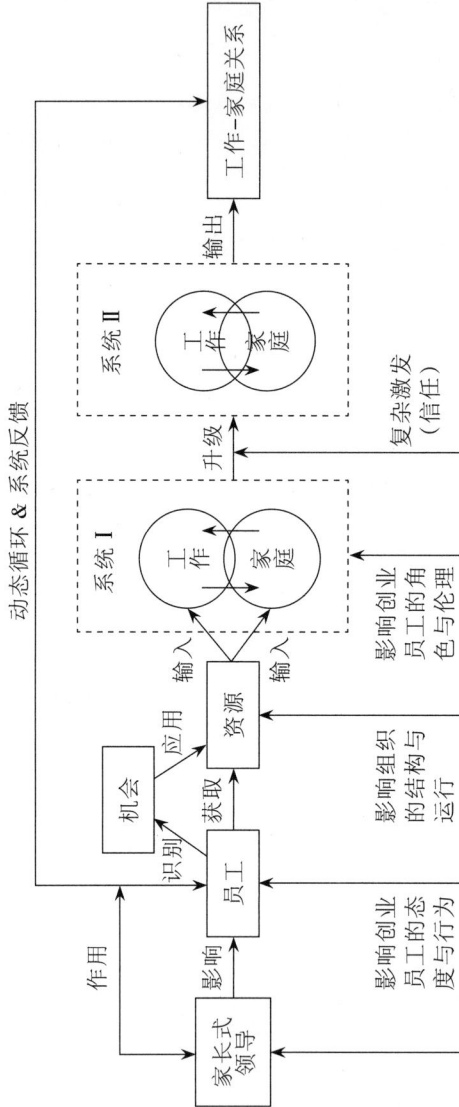

图 2-5 家长式领导对创业组织员工工作-家庭关系的影响机理模型

　　由图 2-5 可知，家长式领导会对创业组织员工产生直接影响。在这种影响下，创业组织员工识别创业机会，获取创业资源，并将创业机会应用到创业资源上，形成一个相对稳定的三角结构，这与 Timmons 的研究结论相似。此外，由于企业外部环境与内部条件的不断变化，创业机会、创业资源与创业组织员工三个要素形成的框架会受到冲击，此时就需要创业组织员工进行调整以使自身与机会、资源继续保持一种良性的动态平衡。在创业过程中，创业组织员工的工作重心在于及时把握住市场机会，有效整合资源并提高使用效率与效果。进一步地，创业组织员工将资源输入工作与家庭，而工作与家庭交互作用，形成系统 I。需要指出的是，在这个过程中，家长式领导影响的三条路径发挥了关键作用，即表现在态度与行为、结构与运作、角色与伦理三个方面。首先，家长式领导影响创业组织员工的态度与行为。在家的内部，由于积累与传承的原因，成员们大多持有相同或相似的价值观念与行为取向。态度与行为中包含着情感，而这些情感能够影响创业组织员工认知的许多方面。根据激励的相互作用理论，人的需要引起动机，动机支配行为，行为的方向是寻求目标与满足需要。在创业过程中，如果创业组织员工之间的动机一致，就会形成相似的态度与行为；假若创业组织员工之间的动机不同，依靠家长式领导的导向与约束作用，有助于态度与行为往一个方向发展。其次，家长式领导影响组织的结构与运行。中国家庭存在独特的内部结构，可以直观地理解为"长幼有序"，这种等级分明的体系会扩散到创业过程中，形成初创企业的原始组织结构。初创企业由于受到人才紧缺、资金不足与渠道有限等多方面的影响，规模相对较小，其结构形式与运作逻辑有时类似于家庭模式。例如，依靠家长的权威统一管理，并相信整个家庭的得失比部分成员的得失重要。这种模式延伸到创业过程会造成创始人对企业进行集权管理，并认为企业的利益高于个人的利益，即"舍小家，顾大家"的经营理念。最后，家长式领导影响创业组织员工的角色与伦理。角色表示具有特定社会地位的个体被期望完成的一系列特殊行为，可见人们在家庭中的角色定位不可避免地会传导至创业过程。例如，具有非亲属关系的创业伙伴之间经常冠以兄弟、姐妹与叔伯等称谓。伦理是人与人之间关系以及处理这种关系的规则，在中国情境下，这种关系驱动的导向作用更为明显。因此，牵涉很多领域、部门与人员的创业过程，更需要根据伦理来规范、依靠关系来运行。也可以说，伦理始于家庭，而不止于家庭。

受创业过程复杂性与家长式领导的影响，系统 I 被复杂激发后升级为工作与家庭交融影响的系统 II，最终输出成新的工作-家庭关系。简言之，家长式领导会促进创业组织员工工作与家庭的进一步融合。具体来看，首先，在这个升级过程中，创业组织员工因投入资源而获得的收益能够在更高的层次上得到正向的迁移与应用。换句话讲，创业组织员工在系统 I 获得的收益将成为系统 II 形成的基础。其次，这种升级是系统整合与变革的过程，即由于家长式领导的复杂激发作用而引起的某些改变能够在系统内部得到复制与改善，生成更加积极的工作与家庭互动。最后，家长式领导在对创业组织员工的态度与行为、组织的结构与运行、创业组织员工的角色与伦理产生影响后，三重作用汇聚成一种复杂力量，其核心要素是信任，这种力量引起了由系统 I 到系统 II 的质变，而之所以被称为复杂激发正是由于创业过程本身的复杂性。系统 I 与系统 II 的区别主要有两点：第一，系统 I 中的工作与家庭处于交互影响的状态，二者的相对独立性较大，这种影响主要是由外因刺激而生，即创业环境的作用；系统 II 中的工作与家庭处于交融影响的状态，二者更多地融合，这种影响主要是由内因驱动而生，即创业组织员工本身的作用。第二，系统 I 中的工作与家庭交互影响是间断的、零散的与波动的，即由于缺乏聚合的能量，二者形成一种相对松散的结构框架；系统 II 中的工作与家庭交融影响是连续的、系统的与稳定的，即由于家长式领导的凝聚作用，二者形成一个相对严密的构造形式。需要注意的是，创业是一个需要创业组织员工不断进行调整的动态过程（Garud & Giuliani, 2013），即受创业过程动态性的影响，最终产生的工作-家庭关系会反作用于创业组织员工，形成系统反馈与动态循环，而家长式领导深刻影响着这个反馈回路，形成新一轮的循环，再次产生的工作-家庭关系可能有平衡、冲突或增益等多种形式。

2.3.3　结论与启示

本节构建了家长式领导对创业组织员工工作-家庭关系的影响机理模型，结论如下：第一，家长式领导对于创业过程具有显著影响，领导者会将家的结构形式与运作机制、家里的角色定位与伦理关系、家中的态度与行为应用到创业组织员工身上，并产生深刻影响。第二，在家长式领导的影响下，创业组织员工的工作-家庭关系由交互影响升级为交融影响，工作-家庭关系表现出独特的形成机理。

本节的主要启示如下：第一，创业企业要特别注意家长式领导的影响，掌握其中的机理并促使其发挥积极作用。第二，创业企业要创新管理的理念与方法，掌握家长式领导影响创业组织员工工作-家庭关系的机理。

有鉴于此，本节提出基于互联网的三分法管理策略来应对创业组织员工在家长式领导影响下的工作-家庭关系问题。在家长式领导的影响下，创业组织员工的工作与家庭结合紧密，有时呈现出"水乳交融"的状态。与家长式领导类似，三分法也是中国传统的国学思想，而互联网是现代科技发展的重要工具，本节认为应该将二者进行有机结合，才会更有利于实现中国全面深化改革进程中创业领域的管理创新。所谓三分法，是指事物具有矛盾的正反两方面，在应对问题时不应该采用只选择正面或者只选择反面的二分法思维模式，而应该将正与反两个方面统一起来，把它当作第三方面，即正反合一。在本节中，基于互联网的三分法策略是指借助互联网技术，分析创业组织员工的工作-家庭关系，特别是受到家长式领导影响的部分，再根据三分法的工作方式，实现现代科技与传统国学的有机融合，进而形成系统反馈与动态循环。一方面，三分法思维可以在一定程度上减缓家长式领导的极端倾向，避免领导者的思想趋于僵化，可以在新的角度与高度上看待家长式领导的影响机理；另一方面，互联网技术可以使创业组织员工在一定程度上跨越时间与空间的界限，企业把握好三分法的"度"，找到工作与家庭之间的真正相关性。例如，在家长式领导的影响下，当创业组织员工的工作角色与家庭角色出现交融之时，不应该将二者强制区分或硬性融合，而应该找到现象背后的深层原因，判断出家长式领导的影响强度与广度，据此基于互联网技术采取有针对性的应对策略。

2.4　组织变革中工作压力的形成机理

2.4.1　研究背景与问题提出

近年来，数字技术快速发展①，这在促使组织管理领域发生重大变化的同时，也使得组织时刻处于激烈的竞争环境之中。随着组织运行内外部环境复杂性的日益增加，如何通过实施组织战略、结构和文化等方面的变革来应对上述变化已经成为组织面临的一个关键性挑战。换言之，组织变革已成为企业在新时代发展所必须具备的能力。然而，相关调查结果显示，在各类企业变革实践中，其成功率还不及50%（Kotter & Cohen，2002；Noblet et al.，2006）。因此，深入探究和剖析组织变革的影响因素，进而采取相应的干预措施以促进组织变革的成功，就显得尤为必要和重要。虽然已有一些学者从组织层面对阻碍组织变革的因素进行了有价值的解释和分析，但越来越多的学者已经意识到个体层面的因素才是影响组织变革能否成功的关键（Alasadi & Askary，2014）。例如，Kivimaki et al.（2000）指出，组织变革可能会引发工作需求和工作控制的不利变化，从而能够导致员工工作压力的产生，并最终影响组织变革的顺利进展（Kivimaki et al.，2000）；而 Kotter（2002）也发现组织变革的核心问题绝不是战略、结构、文化和体制，真正的问题在于如何帮助员工适应变革；与 Kotter（2002）的观点一致，刘思亚（2014）认为，员工对组织变革的认知反应无论是正面的还是负面的，都会影响整个变革活动的进行，Oreg（2011）和张婕等（2013）也进一步认为，组织变革的成功离不开员工对组织变革的积极反应。特别地，有些学者已经开始尝试对组织变革中的工作压力问题进行探讨。具体而言，Sidle（2003）专门针对组织精简这一组织变革情况做了细致的研究，并提出

---

① 数字技术主要包含大数据、云计算、人工智能和区块链技术等，通常称之为 ABCD，即 A——人工智能（Artificial Intelligence），B——区块链（Block Chain），C——云计算（Cloud Computing），D——大数据（Big Data）。

员工需要胜任一系列新的工作需求和挑战才能避开企业裁员所带来的压力。与此同时，也有学者认为员工个体层面工作压力的因素才是阻碍组织变革的最重要原因，这是因为组织变革能够引发员工工作压力，进而产生组织退缩行为、损害员工身心健康等一系列消极结果（Noblet et al.，2006；Kivimaki et al.，2000；Alasadi & Askary，2014），而这些消极结果的出现会直接导致组织变革的失败。

尽管以上成果为深入开展组织变革中工作压力形成机制的相关研究奠定了基础，但是，这些研究仍然存在需要进一步探讨的两个重要问题：一是通过对以往相关文献的分析发现，大多数的研究聚焦于分析企业结构和裁员等组织变革所带来的员工身心健康损害、缺勤等负面影响（Noblet et al.，2006；Dahl，2011），少有研究关注组织变革对员工的积极工作压力效应（Noblet et al.，2006；Svensen et al.，2007）。因此，从积极组织行为学视角探讨组织变革中工作压力的积极效应，无论是在理论上还是管理实践上都将为管理组织变革提供一个新思路；二是以工作为中心的组织变革压力研究很难解释清楚究竟是何种工作特征会引发何种工作压力，进而阻碍或推进了组织变革的顺利进行。值得庆幸的是，Lazarus 和 Folkman（1987）提出的认知交互理论，为学者们揭示组织变革过程中员工个体层面工作压力的形成机理提供了一条可将对此问题的探索向前推进的路径。该理论指出，认知评价在压力的形成过程中扮演着核心角色，员工对工作环境的压力认知不仅决定了工作环境能否对员工形成压力，还影响到员工采取何种态度面对压力以及最终的压力结果。并且，已有研究已经发现，透过组织变革中工作特征的变化能预测员工对组织变革的认知。例如，Fugate et al.（2008）的研究发现，工作控制的降低与员工对组织变革的消极评价有关。但是，组织变革中工作特征的变化对工作压力的形成会产生何种影响？员工个体对组织变革的认知与组织变革的推进之间是何种关系？这些都是亟待回答的问题。

鉴于此，本节拟在工作特征压力理论和认知交互理论的基础上，融合工作特征和员工个体两个角度，建立一个能够揭示组织变革中工作压力（积极和消极）形成机制的模型，并对其进行实证检验。本节旨在厘清两个问题：第一，员工个体的组织变革认知对组织变革顺利推进的影响到底有多大？第二，工作特征中哪些因素的改变能对工作压力的形成产生积极或消极影响？对上述两个问题的回答，无疑对我国转型时期的组织变革的顺利推进具有重要理论意义和指导实践价值。

2.4.2　文献回顾与研究假设

（1）工作特征与工作压力的关系

工作特征主要包括工作要求和工作资源两个方面，分别指有关工作的生理、心理、社会以及组织方面的要求和资源。有关工作特征与工作压力之间关系问题的研究始于20世纪70年代，并相继形成了工作要求–控制模型（Job Demand-Control Model，简称JDC模型）、工作要求–控制–支持模型（Job Demand-Control-Support Model，简称JDCS模型）以及工作要求–资源模型（Job Demand-Resource Model，简称JDR模型）三个较为成熟的理论模型。这三个模型关于工作特征与工作压力关系问题具有一致的观点，即认为工作特征是个体工作压力形成的重要压力源，且不同的工作特征能够引发个体不同的工作压力反应，进一步地，工作要求能导致个体消极的工作压力反应，而工作资源则能激发个体积极的工作压力反应（McCauley，1994）。而后的学者们在上述三个模型的基础上，对工作特征与工作压力之间的关系问题进行了更为深入和细致的探讨，并得出了诸多不同的研究结论。

① 工作要求与工作压力的关系。学者们根据工作压力源的性质不同，将其分为能够给企业和员工带来消极影响的障碍性工作压力源和带来积极影响的挑战性工作压力源。由于工作要求是员工产生工作压力的重要来源之一，据此，研究者们也将工作要求分为障碍性工作要求和挑战性工作要求两种（Cavanaugh，2000）。其中，障碍性工作要求主要指组织政策、烦琐和拖拉的办事程序、角色模糊以及顾虑工作安全等阻碍个人成长和目标达成的工作要求（Lepine et al.，2005；Podsakoff et al.，2007）。已有研究表明，障碍性工作要求与离职意向、工作退缩行为正相关，与组织支持感、组织承诺负相关（Podsakoff et al.，2007；Boswell et al.，2004；刘得格等，2011），换言之，障碍性

工作要求的"消极效应"已得到验证。特别地，有关障碍性工作要求与员工工作压力的研究表明，障碍性工作要求所带来的工作压力是消极的，个体难以克服，对其工作目标的实现及职业生涯的发展具有阻碍作用（Cavanaugh，2000）。随后，Lepine et al.（2004）对此的进一步解释是，当员工面临障碍性工作要求时，会感到缺乏控制，经历消极情绪，其在行为上往往会采用情绪导向的应对方式（Emotion-Focused Coping Style），并最终妨碍工作目标的达成和员工的幸福。综上，障碍性工作要求对员工的工作压力具有"消极效应"。据此，本节提出如下假设：

H1：组织变革中，障碍性工作要求对工作压力具有直接影响效应

H1a：组织变革中，障碍性工作要求对消极工作压力具有正向影响效应

H1b：组织变革中，障碍性工作要求对积极工作压力具有负向影响效应

如前所述，学者们认为并非所有的工作要求都是"坏"的工作压力源，有些工作要求也能够给员工带来积极的工作压力，如McCauley et al.（1994）就认为，有些工作要求与个体的成长和发展相联系，而其中蕴涵的有利因素，足以抵消给他们带来的痛苦，McCauley（1994）将此类工作要求称为挑战性工作要求。这类工作要求主要包括较大的工作范围、高工作责任和时间压力等方面内容（Lepine et al.，2005；Podsakoff et al.，2007）。有关挑战性工作要求的研究表明其具有提高员工工作投入、工作满意度以及组织承诺等"积极效应"（Boswell et al.，2004；Podsakoff et al.，2007；刘得格等，2011），而且，这一"积极效应"也体现在与员工工作压力的关系上。具体而言，挑战性工作要求所带来的压力是积极的，个体能够克服，对其工作绩效及个人成长具有积极作用。Lepine et al.（2004）也持有相同的观点，他们认为，由于挑战性工作要求既包含能量消耗也包含激励和促进，因而它具有潜在收益，据此，在面对挑战性工作要求时，员工往往会采用问题导向的应对方式（Problem-Focused Coping Style），进而促进工作目标的完成，以及个人的成长和发展。与上述研究结果类似，刘得格等（2011）与Webster

（2010）等学者通过实证研究发现了障碍性工作要求和挑战性工作要求分别对员工工作满意度和离职意向等结果变量所具有的影响作用恰好相反。据此，本节提出如下研究假设：

H2：组织变革中，挑战性工作要求对工作压力具有直接影响效应

H2a：组织变革中，挑战性工作要求对消极工作压力具有负向影响效应

H2b：组织变革中，挑战性工作要求对积极工作压力具有正向影响效应

② 工作资源与工作压力的关系。工作资源涉及和工作相关的生理、心理、社交和组织等各方面要素，如社会支持、反馈、奖酬和工作安全等（Demerouti & Bakker，2011）。根据资源保护理论，当个体拥有充足的资源时，容易达成目标并进一步获取新资源（Mauno et al.，2007），因而，工作资源具有帮助员工实现工作目标、促进个人发展等积极作用。对此，学者们通过实证研究验证了工作资源在提升员工工作动机、降低员工在工作中的犬儒主义水平以及增加工作投入和提高工作绩效等方面所具有的"积极效应"（Mauno et al.，2007；Hakanen et al.，2008；Demerouti & Bakker，2011；Bakker et al.，2014）。除上述研究以外，工作资源对工作压力所具有的积极影响也受到了研究者们的广泛关注，并得出了较为一致的研究结论。他们认为，一方面，工作资源具有缓压效应，能够直接降低员工所具有的消极工作压力水平（Bakker et al.，2003），而工作资源的损失则会导致心理紧张等消极工作压力结果；另一方面，工作资源能够直接促进工作投入等积极工作压力结果的产生（江红艳等，2012）。综上，工作资源对员工的工作压力具有"积极效应"。基于此，本节提出如下研究假设：

H3：组织变革中，工作资源对工作压力具有直接影响效应

H3a：组织变革中，工作资源对消极工作压力具有负向影响效应

H3b：组织变革中，工作资源对积极工作压力具有正向影响效应

（2）组织变革认知在工作特征与工作压力之间的中介作用

组织变革内容可涉及文化、战略、结构、技术与人员等多个方面，其范围可能是全局的，也可能是局部的，而其进程可能是激进

的，也可能是缓慢的。但不论组织变革的性质及速度如何，都是对现有利益格局的打破或调整，进而都能够对员工的工作条件产生或多或少的影响。正是基于此，员工对组织变革的认知也是来自离自己最近的、由组织变革引发的工作特征的变化上，正如 VanEmmerik et al.（2009）所言，员工对组织变革的评价反映了组织变革对其自身工作的影响程度。换言之，当组织发生变革时，员工是通过对障碍性工作要求、挑战性工作要求以及工作资源等工作特征的变化来对组织变革进行认知的。

根据认知交互理论（Cognitive Transactional Theory），压力是环境刺激与个体反应共同作用的结果，个体对环境刺激的认知评价是压力产生的关键（Lazarus，1991）。进一步地，压力是个体在评价自身与环境之间的关系时，对二者不匹配状态产生的认知（Lazarus，1991），即当个体意识到自己对环境需求难以应对或应对困难时，就会产生压力。这意味着，个体的认知评价过程决定了人与环境的互动是否能够形成压力以及产生何种压力效应（Rafferty & Griffin，2006）。具体地，当形成负面评价时，个体往往会产生消极压力效应；当形成积极评价时，个体则会产生积极压力体验。

由于员工对组织变革的认知是其对变革要求与自身资源之间是否匹配所作的评价，因而，当组织变革引发障碍性工作要求、挑战性工作要求和工作资源等工作特征发生变化时，员工会重新评价组织要求与自身资源之间的匹配状态，据此产生积极的组织变革认知或消极的组织变革认知，并最终引发积极的工作压力或消极的工作压力。已有研究表明，组织变革中的风险感知（Ulleberg & Rundo，1997）、工作不安全感（Nerina et al.，2004）与不确定性（Bordia et al.，2004）等认知因素对消极工作压力存在显著的正面影响，这进一步表明，因组织变革而产生的负面认知，会使员工产生消极的工作压力。与此相反，Yu（2009）研究发现员工对组织变革的理解、对组织认同和工作投入有显著的正面影响，Sagie 和 Koslowsky（1996）的研究也表明，组织变革的接受性对员工的投入、承诺以及满意感具有正面影响，这就支持了因组织变革而产生的正面认知，会使员工产生积极工作压力的结论。综上，无论组织变革中何种工作特征的变化所产生的何种工作压力，均要通过个体对组织变革的认知起作用，而且，王玉峰和杨多（2014）已经验证了变革认知在组织变革与工作压力之间的中介作用。据此，本节提出如下假设：

H4：组织变革中，组织变革认知在工作特征与工作压力间具有中介影响效应

H4a：组织变革中，组织变革认知在障碍性工作要求与工作压力间具有中介影响效应

H4b：组织变革中，组织变革认知在挑战性工作要求与工作压力间具有中介影响效应

H4c：组织变革中，组织变革认知在工作资源与工作压力间具有中介影响效应

2.4.3 研究设计

（1）研究对象

新型国有企业在国有企业改革进程中逐步形成，已经成为国民经济中重要的经济力量（杨智伟，2016）。本节选取五家有代表性的国有企业作为研究对象。在征得主管领导同意后，调查问卷采取现场方式收集。本节共发放问卷800份，回收问卷752份（回收率为94%），其中，有效问卷602份（有效率为80%）。有效调查问卷的人口统计学特征为：男性占35.9%，女性占64.1%；年龄26岁以下的占17.1%，26~30岁的占27.2%，31~35岁的占25.1%，36~40岁的占16.6%，40岁以上的占14.0%；在文化程度方面，本科学历为49.4%，本科以上学历为7%，其他学历为43.6%；在本单位工作年限方面，1~5年的占37%，6~10年的占21.4%，11~15年的占17.8%，16~20年的占13%，20年以上的占10.8%。

（2）测量工具

本节中使用的量表除了采用中国版本的量表外，其余均来自以往国外经典研究文献中已经成熟的量表。为了保证西方量表在中国情境下测量的有效性，量表在使用前进行了双向翻译，并进行了修订。后文对修

订量表的信度和效度进行了详细测量，此处不再赘述。

① 工作要求的测量。由于工作要求包括障碍性工作要求和挑战性工作要求两部分，因而本节对工作要求的测量也分两部分进行，其中，障碍性工作要求的测量内容包括对情绪要求和角色冲突的测量，挑战性工作要求的测量内容包括对认知要求和工作量的测量。工作要求测量量表的所有项目均来自 COPSOQ（Copenhagen Psychosocial Questionnaire）量表，该量表由丹麦国家职业卫生研究院心理系开发，多数研究证实了其具有较高的信度和效度（Nuebling & Hasselhorn，2010），并由此被德、法等国普遍采用，但是，目前尚没有中国版本。由于研究需要，本节对量表的项目进行了改编。情绪要求量表包含2个项目（如"与变革前相比，在工作中我需要面对的情绪干扰情况变得"等），角色冲突量表包含4个项目（如"我工作中相互冲突的需求与变革前相比变得"等），认知要求量表包含4个项目（如"在工作中做出困难决策的情况与变革前相比变得"等），工作量量表包含4个项目（如"必须加快工作速度的情况与变革前相比变得"等）。所有量表都采用5点计分，从1（减少很多）到5（增加很多）。

② 工作资源的测量。本节测量了工作资源的社会支持、职业发展两部分内容，其中，社会支持（同事和上级支持）测量项目选自JCQ量表，职业发展测量项目选自COPSOQ量表。JCQ量表由 Karasek et al.（1998）编制，诸多研究证实了其具有较高的信度和效度（Karasek et al.，1998），被多国学者广泛采用，但目前没有中国版本。由于研究需要，本节对社会支持量表的项目和职业发展量表的项目进行了改编。社会支持量表共含有8个项目（如"上级关心下属福利的情况与变革前相比变得"等），职业发展量表含有3个项目（如"我能把我的技能和专长运用在工作中的情况与变革前相比变得"等）。所有量表都采用5点计分，从1（减少很多）到5（增加很多）。

③ 组织变革认知的测量。本节采用的是 Van Emmerik et al.（2009）编制的组织变革认知量表，共包括8个项目（如"我知道变革的结果会有助于我的工作"等），采用5点计分，从1（非常不同意）到5（非常同意）。

④ 积极工作压力的测量。积极工作压力能反映个体对有利于个人的情景或事件的认知评价程度，因此，积极工作压力能够表明个体的积极心理状态。进一步地，Nelson 和 Simmons（2004）提出积极工作压力的结构包括积极情绪状态、希望感、控制感和意义感，本节亦采用此结构来测量积极工作压力。具体地，积极情绪量表采用由 Watson 和 Telle-gen 于 1988 年开发的积极消极情绪量表（PANAS）中的积极情绪子量表。该量表被诸多学者广泛使用，并被译成多种语言（张卫东和刁静，2004）。其中，积极情绪子量表含有 10 个项目（如"变革期间，觉得自己是精神活力高的"等），采用 5 点计分，从 1（几乎没有）到 5（非常多）。希望感的测量选用 Snyder et al.（1996）开发的希望感量表（State Hope Scale，简称 SHS），共含有 6 个项目（如"变革期间，我觉得能达到自己设定的工作目标"等），采用 8 点计分，从 1（完全错误）到 8（完全正确）；控制感和意义感测量项目来自心理一致感量表（SOC）。心理一致感量表由 Antonovsky（1983）开发，在 20 多个国家得到应用，且大量的实证研究表明其有良好的效度和信度。由于研究需要，本节对量表的项目进行了改编，可控制感量表包含 3 个项目（如"变革期间，你常有失控的感觉"等），采用 7 点计分，从 1（从来没有）到 7（经常发生），而意义感量表包含 3 个项目（如"变革期间，你觉得每天做的事情没什么意义"等），采用 7 点计分，从 1（从来没有）到 7（经常发生）。

⑤ 消极工作压力的测量。本节采用 Keller（1984）编制的工作压力量表，共含有 4 个项目（如"变革期间，我曾感到忐忑不安"等），采用 5 点计分，从 1（完全不同意）到 5（非常同意）。

（3）修订量表的信度和效度分析

① 共同方法偏差分析。Harman 单因素分析结果表明，没有单一因素被析出，未经旋转前第一个因子解释了各个变量所有测量项目 14.32% 的变异，不占大多数。因此，各个变量间不存在严重的共同方法偏差。

② 结构效度与信度检验。为了检验各变量的结构效度，分别对各变量测量项目进行了验证性因子分析。在判断模型的拟合程度时，同时

考察了 χ^2/df、GFI、NFI、CFI 等拟合指标。按照 Schumacker 和 Lomax（1998）以及 Browne 和 Cudeck（1989）的标准，如果 χ^2/df 值介于 1 和 5 之间，GFI、NFI、CFI 等指标超过 0.90，RMSEA 值小于 0.08，就说明该模型是可以接受的（Muller et al.，2005）。

各变量结构的验证性因子分析以及内部一致性系数分析结果如表 2-2 所示。结果表明，各变量的结构能够很好地拟合样本数据，其中，χ^2/df 值均小于 5，RMSEA 值均小于 0.08，GFI 值、NFI 值和 CFI 值以及内部一致性信度系数 α 值均达到了可接受水平 0.70 以上。此外，各个测量项目在相应的潜变量上的标准化路径系数都在 0.50 以上，t 值均大于 2，达到显著性水平，这说明各个项目具有良好的收敛性。

表2-2　各变量结构的验证性因子分析结果和内部一致性信度系数

变量	χ^2	df	χ^2/df	RMSEA	GFI	NFI	CFI	α
障碍性工作要求	16.505	8	2.063	0.042	0.99	0.98	0.99	0.81
挑战性工作要求	56.823	19	2.991	0.066	0.98	0.90	0.93	0.68
工作资源	112.282	41	2.739	0.053	0.97	0.90	0.93	0.77
组织变革认知	87.685	20	4.384	0.075	0.96	0.90	0.92	0.71
消极工作压力	5.528	2	2.764	0.054	0.99	0.99	0.99	0.90
积极工作压力	607.219	203	2.991	0.058	0.91	0.89	0.91	0.87

③ 区分效度分析。本节通过验证性因子分析的方法对各变量的区分效度进行了检验。为了避免结构模型中的潜变量仅有一个显示条目所导致的模型不能识别的问题，按照 Kelloway et al.（1998）的方法，本节将只有一个因子的变量随机分成 3 个部分，组织变革认知的 8 个项目被随机分成了 3 个部分，消极工作压力的 4 个项目也被随机分成了 3 个部分，并使用这些新指标进行了验证性因子分析，结果如表 2-3 所示。根据表 2-3，虽然六因子模型和五因子模型都能很好地拟合数据，但六因子模型拟合效果最好，其 χ^2/df 以及 RMSEA 指标值更小，与此同时，GFI 值、NFI 值以及 CFI 值更大。这说明上述变量具有良好的区分效度，确实是六个不同的构念。

表2-3　　　　　　　概念区分效度的验证性因子分析结果

模型	χ^2	df	χ^2/df	RMSEA	GFI	NFI	CFI
基本模型（六因子）（NJ, PJ, JR, CC, JS, EU）	185.59	89	2.08	0.042	0.96	0.94	0.97
五因子模型（NJ+PJ, JR, CC, JS, EU）	316.11	94	3.36	0.063	0.94	0.90	0.93
五因子模型（NJ, PJ, JR, CC，JS+EU）	517.65	94	5.51	0.091	0.87	0.84	0.87
四因子模型（NJ+PJ, JR, CC，JS+EU）	647.89	98	6.61	0.097	0.88	0.80	0.83
四因子模型（NJ+PJ+JR,, CC, JS, EU）	758.20	98	7.74	0.106	0.84	0.77	0.79
三因子模型（NJ+PJ+JR, CC, JS+EU）	1 086.78	101	10.76	0.127	0.79	0.67	0.69
二因子模型（NJ+PJ+JR, CC+JS+EU）	1 298.41	103	12.61	0.139	0.75	0.60	0.62
一因子模型（NJ+PJ+JR+CC+JS+EU）	1 426.85	104	13.72	0.145	0.72	0.56	0.52

　　注：NJ表示障碍性工作需求，PJ表示挑战性工作需求，JR表示工作资源，CC表示组织变革认知，JS表示消极工作压力，EU表示积极工作压力。

2.4.4　数据分析与结果

（1）相关分析

本部分对各个变量的均值、标准差和相关系数进行了分析，以为后文的回归分析奠定基础，结果如表2-4所示。根据表2-4，在人口统计变量方面，年龄、文化程度以及工作年限与挑战性工作要求显著正相关（r=0.11，$p < 0.01$；r=0.12，$p < 0.01$；r=0.12，$p < 0.01$）；工作资源与性别、年龄以及工作年限显著正相关（r=0.12，$p < 0.01$；r=0.82，$p < 0.05$；r=0.98，$p < 0.01$）；性别与组织变革认知显著正相关（r=0.10，$p < 0.05$），而年龄、工作年限与消极工作压力负相关（r=-0.11，$p < 0.01$；r=-0.14，$p < 0.01$）。在研究变量方面，除了挑战性工作要求与组织变革认知相关性不显著之外，障碍性工作要求与组织变革认知显著负相关（r=-0.38，$p < 0.01$），工作资源与组织变革认知显著正相关（r=0.48，$p < 0.01$）；组织变革认知与消极工作压力显著负相关（r=-0.53，$p < 0.01$），与积极工作压力显著正相关（r=0.51，$p < 0.01$）。

表2-4

各变量的均值、标准差以及相关系数

变量	均值	标准差	1	2	3	4	5	6	7	8	9
1.性别	1.64	0.48	—								
2.年龄	2.91	1.46	-0.21**	—							
3.文化程度	2.41	1.46	0.16**	0.20**	—						
4.工作年限	2.46	1.54	-0.23**	0.86**	0.18**	—					
5.障碍性工作要求	3.06	0.74	-0.06	0.04	0.03	0.03	—				
6.挑战性工作要求	3.26	0.57	-0.03	0.11**	0.12**	0.12**	0.28**	—			
7.工作资源	3.26	0.58	0.12**	0.82**	0.03	0.98**	-0.07	0.25**	—		
8.组织变革认知	3.14	0.60	0.10*	0.05	0.06	0.06	-0.38**	0.02	0.48**	—	
9.消极工作压力	2.99	0.93	0.03	-0.11**	-0.02	-0.14**	0.29**	-0.08	-0.30**	-0.53**	—
10.积极工作压力	3.90	0.68	0.08	0.02	0.04	0.01	-0.16**	0.01	0.35**	0.51**	-0.30**

注：$**p<0.01$，$*p<0.05$，n=602。

（2）多层回归分析

根据 Muller et al.（2005）的理论，判断中介作用成立要满足以下四个条件：一是，自变量对因变量作用显著；二是，自变量对中介变量作用显著；三是，中介变量对因变量作用显著；四是，当中介变量进入时，自变量对因变量的作用消失了或是减小了。若中介变量进入时，自变量对因变量的作用不显著，则称为完全中介；若中介变量进入时，自变量对因变量的作用显著，但作用减小，则称为部分中介。

根据研究需要，本节设计 7 个模型，用多层回归分析方法验证组织变革认知在工作特征与工作压力之间的中介效应，具体如表 2-5 所示。在表 2-5 中，模型 1 为消极工作压力对控制变量的回归，回归结果显示性别、年龄、文化程度、工作年限对消极工作压力影响均不显著。模型 2 为消极工作压力对自变量的回归，回归结果显示障碍性工作要求对消极工作压力有显著的正向影响效应（$\beta=0.390$，$p<0.01$），挑战性工作要求对消极工作压力有显著的负向影响效应（$\beta=-0.144$，$p<0.05$），工作资源对消极工作压力有显著的负向影响效应（$\beta=-0.392$，$p<0.01$）。模型 3 为积极工作压力对控制变量的回归，回归结果显示性别、年龄、文化程度、工作年限对积极工作压力影响均不显著。模型 4 为积极工作压力对自变量的回归，障碍性工作要求对积极工作压力有显著的负向影响效应（$\beta=-0.088$，$p<0.05$），挑战性工作要求对积极工作压力影响不显著，工作资源对积极工作压力有显著的正向影响效应（$\beta=0.379$，$p<0.01$）。模型 5 为中介变量对自变量的回归，回归结果显示，障碍性工作要求对组织变革认知有显著的负向影响效应（$\beta=-0.290$，$p<0.01$），挑战性工作要求对组织变革认知影响不显著，工作资源对组织变革认知有显著的正向影响效应（$\beta=0.455$，$p<0.01$）。模型 6 为消极工作压力对自变量和中介变量组织变革认知的回归，回归结果显示，障碍性工作要求对消极工作压力有显著的正向影响效应（$\beta=0.195$，$p<0.01$），挑战性工作要求对消极工作压力有显著的负向影响效应（$\beta=-0.146$，$p<0.05$），工作资源对消极工作压力影响不显著，组织变革认知对消极工作压力有显著的负向影响效应（$\beta=-0.674$，$p<0.01$）。模型 7 为积极工作压力对自变量和中介变量的回归，障碍性工作要求对积极工作压力影响不显著，挑战性工作要求

对积极工作压力有显著的负向影响（β=-0.093，p<0.01），工作资源对积极工作压力有显著的正向影响效应（β=0.153，p<0.01），组织变革认知对积极工作压力有显著的正向影响效应（β=0.500，p<0.01）。

表2-5　　**组织变革感知的中介效应多层回归分析结果**

变　　量	模型1 消极工作压力	模型2 消极工作压力	模型3 积极工作压力	模型4 积极工作压力	模型5 组织变革认知	模型6 消极工作压力	模型7 积极工作压力
1.控制变量							
性别	-0.009	0.098	0.133	0.053*	0.048	0.131	0.029
年龄	-0.012	0.000	0.055	0.056	0.025	0.016	0.041
文化程度	0.011	0.006	0.007	0.016	0.020	0.019	0.005
工作年限	-0.071	-0.060	-0.042	-0.056	-0.011	-0.067	-0.048
2.自变量							
障碍性工作要求		0.390**		-0.088*	-0.290**	0.195**	0.059
挑战性工作要求		-0.144*		-0.094	-0.003	-0.146*	-0.093*
工作资源		-0.392**		0.379**	0.455**	-0.085	0.153**
3.中介变量							
组织变革认知						-0.674**	0.500**
R^2	0.017	0.179	0.014	0.133	0.347	0.304	0.270
ΔR^2	0.017	0.162**	0.014	0.120**	0.326**	0.125**	0.137**
F	2.251	16.497**	1.832	11.519**	40.154**	28.882**	24.234**

注：**p<0.01，*p<0.05。

（3）假设检验

从表2-5的数据分析结果中可以看出，假设H1得到验证，组织变革中，障碍性工作要求对工作压力具有直接影响效应。具体地，组织变革中，障碍性工作要求对消极工作压力具有正向影响效应，假设H1a得到验证；组织变革中，障碍性工作要求对积极工作压力具有负向影响效应，假设H1b得到验证。

假设H2得到部分验证，组织变革中，挑战性工作要求对工作压力具有一定的直接影响效应。具体而言，组织变革中，挑战性工作要求对消极工作压力具有负向影响效应，假设H2a得到验证；组织变革中，挑战性工作要求对积极工作压力影响不显著，假设H2b被拒绝。

假设H3得到验证，组织变革中，工作资源对工作压力具有直接影响效应。具体地说，组织变革中，工作资源对消极工作压力具有负向影响效应，假设H3a得到验证；组织变革中，工作资源对积极工作压力具有正向影响效应，假设H3b得到验证。

假设H4得到部分验证，组织变革认知在工作特征与消极工作压力间起到一定的中介作用。具体来说，模型6中介变量组织变革认知进入后，自变量障碍性工作要求对因变量消极工作压力影响效应显著减弱，这表明组织变革认知在障碍性工作要求与消极工作压力间具有部分中介作用，与此同时，模型7中介变量组织变革认知进入后，自变量障碍性工作要求对因变量积极工作压力影响效应不显著，这表明组织变革认知在障碍性工作要求与积极工作压力间具有完全中介作用，所以假设H4a得到验证。模型6中介变量组织变革感知进入后，自变量挑战性工作要求对因变量消极工作压力影响效应显著增强，这说明组织变革认知在挑战性工作要求与消极工作压力间没有中介作用，同时由于挑战性工作要求对积极工作压力没有影响，因而，组织变革认知在挑战性工作要求与积极工作压力间没有中介作用，所以假设H4b被拒绝。模型6中介变量组织变革感知进入后，自变量工作资源对因变量消极工作压力影响效应不显著，这说明组织变革认知在工作资源与消极工作压力间起到完全中介作用，而模型7中介变量组织变革感知进入后，自变量工作资源对因变量积极工作压力影响效应减弱，这表明组织变革认知在工作资源与积极工作压力间起到部分中介作用，假设H4c得到验证。

综上，本节各研究假设的检验情况如表2-6所示。

表2-6	研究假设检验表	
假设内容	假设检验结果
H1：组织变革中，障碍性工作要求对工作压力具有直接影响效应	得到验证
H1a：组织变革中，障碍性工作要求对消极工作压力具有正向影响效应	得到验证
H1b：组织变革中，障碍性工作要求对积极工作压力具有负向影响效应	得到验证
H2：组织变革中，挑战性工作要求对工作压力具有直接影响效应	部分验证
H2a：组织变革中，挑战性工作要求对消极工作压力具有负向影响效应	得到验证
H2b：组织变革中，挑战性工作要求对积极工作压力具有正向影响效应	被拒绝
H3：组织变革中，工作资源对工作压力具有直接影响效应	得到验证
H3a：工作资源对消极工作压力具有负向影响效应	得到验证
H3b：工作资源对积极工作压力具有正向影响效应	得到验证
H4：组织变革中，组织变革认知在工作特征与工作压力间具有中介影响效应	部分验证
H4a：组织变革中，组织变革认知在障碍性工作要求与工作压力间具有中介影响效应	得到验证
H4b：组织变革中，组织变革认知在挑战性工作要求与工作压力间具有中介影响效应	被拒绝
H4c：组织变革中，组织变革认知在工作资源与工作压力间具有中介影响效应	得到验证

2.4.5 数据分析与结果

越来越多的学者已经意识到工作压力在员工适应组织变革中的重要影响，但鲜有文献综合企业和员工个体两个角度来分析组织变革中工作压力的形成机理问题。本节借由工作特征和组织变革认知两个变量，以五家国有企业作为研究样本，利用相关分析、层级回归分析等方法，在中国情境下，充分检验和阐释了在组织变革中，工作特征、组织变革认知以及工作压力（积极和消极）之间的关系机理。本节的创新点主要有两个方面：一是融合了组织和个体两个探讨组织变革中工作压力形成问题的研究视角，从而打破了以往研究仅从组织或个体视角进行孤立研究的不足；二是兼顾组织变革中工作压力的消极效应和积极效应，厘清了不同工作特征所具有的不同工作压力效应，从而弥补了过去研究对组织变革中积极工作压力关注不够的缺陷，同时也为企业通过调整个体的工作特征而推进组织变革的顺利进行提供了理论上的参考。

（1）研究结果

通过实证分析，本节得出了如下两方面的研究结果：一是障碍性工作要求、挑战性工作要求和工作资源对消极工作压力均有显著的直接影响，但仅障碍性工作要求和工作资源对积极压力具有显著的直接影响，挑战性工作要求对积极工作压力没有显著影响。本节认为造成这一研究结果的存在或与挑战性工作要求所具有的"两面性"特征有关。Vandenbroeck et al.（2008）和 Crawferd et al.（2010）在肯定挑战性工作要求所具有的积极作用的同时，也提出其具有损害健康等消极作用，这就使得挑战性工作要求对积极工作压力的作用不具有稳定性；二是组织变革认知在障碍性工作要求与消极工作压力和积极工作压力之间均具有中介作用，且在工作资源与消极工作压力和积极工作压力之间也均具有中介作用，但在挑战性工作要求与消极工作压力之间不具有中介作用。本节认为，其原因可能在于挑战性工作要求对员工个体认知影响的复杂性。挑战性工作要求对于员工而言，既是一种机会，同时也是一种威胁，因此，不同的员工可能会形成不同的个体认知。已有的研究表明，个体特征可以对组织变革认知产生影响，从而控制工作压力（Iverson & Roderick，1996）。例如，个体性格有积极和消极之分，其中，积极的个体更易于控制他们所处的环境，可能更易于把挑战性工作要求看作一种机会；相反，消极的个体由于缺乏应对变革的战略，更易于将挑战性工作要求看成一种威胁。因此，组织变革认知在挑战性工作要求与消极工作压力之间的中介作用可能由于受到个体特征的调节作用而变得不显著。

（2）主要结论与管理启示

根据上面的研究结果，本节得到了两个主要结论：一是组织变革中工作特征的改变会形成不同的工作压力效应。障碍性工作要求、挑战性工作要求和工作资源的不利变化会形成消极工作压力，障碍性工作要求和工作资源的有利变化会形成积极工作压力。因此，在组织变革过程中，企业管理者应该重点关注角色模糊、工作不安全，以及人际关系冲突等方面的障碍性工作要求的不利变化，通过工作再设计等手段尽可能地降低这些障碍性工作要求给员工所带来的消极工作压力。二是员工的组织变革认知对于顺利实施组织变革有着至关重要的影响，且员工正面的组织变革认知评价有利于推进组织变革。因此，管理者要善于通过工作资源来塑造员工对组织变革的正面评价，进而提升员工的积极工作压力。如在组织层面，可以提供较多的薪水和更多的职业发展机会；在人际交往和社会关系层面，管理者可以尽可能给予员工较多的支持和帮助，并同时营造同事间互相支持的文化氛围；在任务层面，管理者可以通过工作再设计等手段提高员工工作的技能裁量权、任务重要性、自主性以及提供必要的绩效反馈等。与此同时，管理者也可通过降低障碍性工作要求来尽可能减少员工对组织变革的负面评价，以最大限度地限制消极工作压力的产生。总之，企业可以通过降低消极工作压力和提高积极工作压力"两手同时抓"的途径，提高员工对组织变革的适应性以促进企业变革的顺利实施。

（3）研究局限性及未来研究展望

本节的主要局限性有两点：一是研究样本的局限性。本节虽以中国企业为研究背景，但受条件所限，并没有做全国性的大范围分层取样，而仅限于五家国有企业，这就使得本节的研究结论具有"片面性"特征，进而导致将其向其他国有企业及其他类型的企业进行推广时还需要做进一步的检验和探讨；二是缺乏对员工个体特征因素的考虑。本节聚焦于工作特征和员工认知来探索组织变革中工作压力的形成机理问题，并没有考察员工个性特征的影响，然而，相关研究表明个体特征是影响员工组织变革认知和工作压力的重要影响因素。因而，未来研究可从如下两方面进行：一是扩充更大范围的国有企业以及私有企业、外资企业等非国有企业组织变革中，不同工作特征所能够带来的不同工作压力效应，尤其是探讨挑战性工作要求与积极工作压力的关系；二是进一步探讨包括积极性和消极性等个体特征因素在工作特征与组织变革认知之间、工作特征与工作压力之间，以及组织变革认知与工作压力之间的调节作用，以更深入地分析组织变革中工作压力的形成机理。

第3章　组织治理

3.1　领导权威在治理过程中的功能发挥

3.1.1　问题提出

　　党的十九大报告明确提出实施乡村振兴战略。2021 年中央一号文件《中共中央　国务院关于全面推进乡村振兴加快农业农村现代化的意见》指出，坚持农业农村优先发展，坚持农业现代化与农村现代化一体设计、一并推进，坚持数字化创新驱动发展，统筹发展和安全，落实加快构建新发展格局要求，巩固和完善农村基本经营制度，深入推进农业供给侧结构性改革，把乡村建设摆在社会主义现代化建设的重要位置，全面推进乡村产业、人才、文化、生态、组织振兴[1]。当前我国乡村青壮年劳动力尤其是男性劳动力大量外流，乡村社会精英加速流失，村庄

---

[1]　在脱贫攻坚战取得全面胜利的背景下，"十四五"规划绘就的蓝图正指引着"三农"工作重心由脱贫攻坚向全面推进乡村振兴平稳过渡。2021 年 2 月，国家乡村振兴局挂牌成立；政府工作报告也明确提出，全面实施乡村振兴战略，促进农业稳定发展和农民增收。

内部领导力供给严重不足（王亚华和舒全峰，2018）。那么在这样的背景下，怎样有效发挥乡村基层组织的领导效能从而推进乡村振兴战略的实现，已成为当前亟须解决的现实问题。2019年发布的《数字乡村发展战略纲要》强调，进一步解放和发展数字化生产力，注重构建集知识更新、技术创新、数据驱动为一体的乡村经济发展政策体系，注重建立层级更高、结构更优、可持续性更好的乡村现代化经济体系，注重建立灵敏高效的现代乡村社会治理体系，开启城乡融合发展和现代化建设新局面。乡村的数字化进程是数字乡村伴随着网络化、信息化和数字化的概念在农业乡村经济社会发展中的应用，也是农民现代信息技能的提高而内生的农业乡村现代化发展和转型进程，既是乡村振兴的战略方向，亦是建设数字中国的重要内容。本节将领导权威引入乡村振兴背景下乡村治理的研究领域，探究乡村治理过程中领导权威如何发挥功能，以期得出一些有意义的研究结论和政策启示。

3.1.2 影响因素

领导权威源自领导者在被领导者心目中的威严和地位，权力的来源以及使用是否具有合法性是权威（Authority）和权力（Power）的主要差异。权威与权力有必然的联系，二者均有影响他人行动和行为的力量这一含义。领导权威的实质是人类社会群体中一种客观存在的社会现象，它是由权力与威信这两个子系统构成的，权威并不完全等同于权力，权力是与职务相关联的，职务一经确定，权力随之获得（张长立，2010）。权威型领导风格大多是指示性的和独裁性的，在指示和独裁的程度上可能有所变化。这种领导风格倾向于指定单一领导者，而非几位成员共同分担领导职责。其关注重点是领导者如何在组织中发挥领导力的作用，领导者自身管理资源的积累与关系的维持均有助于"组织的提升"和"关键时刻的救险"，对于战略决策权的行使更是领导者权威的重要体现（张笑峰等，2015）。

社会化影响着领导权威的确立，是领导权威展现的前提。社会化为数字化的领导方式与完善科学的制度提供了强大动力与坚定支持，进而为领导权威的构建与实施给予了基础和依据。乡村振兴战略是新时代做好"三农"工作的总抓手，是事关我国乡村可持续发展的重大经济问题。另外，领导权威是否为真正具有领导力的个体使用是领导权威实施过程中的重要因素，领导权威可以从一个新视角揭示出数字乡村治理过程中的动力机理与作用路径。具有领导权威且德才兼备的领导者，是乡村振兴战略背景下建设数字乡村的重要基础和宝贵资源。同时，制度执行力也是领导权威在数字乡村治理中的关键因素。尽管领导权威在乡村振兴过程中可以与数字经济、人力资本、生态环境和乡村文化联动作用，但执行力不足问题仍需重视，能否实现领导权威影响程度的扩大化是各要素反映领导权威效能的重要标准。此外，乡村经济体系现代化是国民经济现代化的重要基础，乡村经济体系现代化如果没有科技力量推动，那么一切发展都将会成为空谈。当前，随着乡村互联网基础设施建设的不断完善，网络已经逐渐覆盖到了我国多个乡村，城乡之间的信息鸿沟不断缩小，其为乡村经济信息化发展奠定了良好的基础，这也对传统农业生产模式产生了巨大冲击，其进一步加速了乡村经济的信息化进程。

3.1.3 领导权威的功能

在乡村振兴战略背景下，数字经济、人力资本、乡村文化和生态建设在领导权威的影响之下可以发挥更大作用，有利于应对各类资本积累、投资与配置等环节中的一系列问题，并达成质量提升与数量增长。乡村治理是一项复杂的系统工程，不仅需要顶层设计，也需要基于现实情况科学合理地执行治理方案（郑世林和毛海军，2021）。数字化的到来使得乡村治理引入了新变量和新动能，数字化活力、数字化农业与数字化管理等都是新的发展领域。数字乡村治理中领导权威的功能主要表现在纵向、横向与循环三方面。

（1）纵向功能发挥

领导权威在数字乡村治理中的纵向功能主要表现为其与数字经济和生态环境之间的交互作用。领导权威配合数字化可以推动乡村从封闭模式走向开放治理，增强乡村治理的前瞻性和科学性，提升乡村治理的协调性（赵早，2020）。数字资源在治理主体的科学配置之下能够形成乡村数字协同机理，乡村数字资源可以实现互联互通，为乡村经济发展提供更加多元化的内生助力。乡村数字经济是保证乡村支持上层领导权威的重要经济基础，乡村应将数字经济的发展模式设定为纵横深入的产业转型。随着市场经济体制日趋成熟，农业的各项生产经营活动在市场化的作用下朝着更加完备的现代化发展道路演进。领导权威不仅要对经济发展和产业转型有促进功能，还要保障乡村的全面可持续发展。数字技术可以帮助具有领导权威的领导者使用数字化工具进行分析，做出满意决策。而清晰反映现实问题的信息结论，可以反馈给村民，实现领导者的权威和村民的权利正向互动，即在一定程度上达成信息惠民的目标。完善科学制度，有助于增强领导权威在数字经济网络扶贫过程中更好地发挥作用。扶贫过后富裕的不只是村民的口袋，还有村民的思想，提升领导权威的影响力，加强当地组织建设。领导权威的存在，驱动数字经济的升级和迭代，保障发展的长期性与合规性。同时，数字经济影响领导权威，使其随着情境变化而进行调整。此外，中华民族向来尊重大自然、热爱大自然，延续5 000多年的乡土文明孕育着丰富的生态文明观。基于数字技术的结构设计有助于乡村生态文明建设，而且数字化治理要求能够利用信息技术快速收集数据，构建治理主体快捷运用数据信息改善生态环境的管理模式。具有领导权威的领导者可以在数字化的信息背景下制定农村环境的治理规划，结合不同地区的现实确定相应战略，并促进乡村地区的全面可持续发展。值得一提的是，在基础设施好的地区可以推动城乡双向发展，各取所需，同时改善农村地区的卫生环境。精细规划乡村地区的畜牧区域，并依据实际情况调整各家的牲畜类型与数量，减少废气排放和有害物质的排放，发展绿色工业，逐渐提高农村地区的污水处理率（梁晓琳，2020）。通过党建工作提高村民的大局意识，放弃眼前牺牲环境而换来的利益，转而拥抱保护环境的未来生态大发展。

（2）横向功能发挥

领导权威在数字乡村治理中的横向功能主要表现为其与人力资本和乡村文化之间的交互作用。数字化不仅对乡村经济和社会结构产生了影响，同时也使得一批新的商业模式得以发展壮大，乡村产业升级，农业产业链条不断延伸，进一步加速了城乡之间的人才、资本、技术和信息流通，人才交流的数字化平台出现，使得人才流动更加高效快捷。人才深度扎根是指人才根植于现有数字化乡村环境，政府制定人才引进战略并反作用于人力资本。其中，领导权威的关键要素是领导者。领导者个人的战略才能与数字化相结合，推动乡村人力资本平台的搭建与人力资本在当地深度扎根，将党建与人才平台管理相结合。此外，乡村文化保留了很多历史传统要素，但并非所有文化都适合被数字化的载体所传播和推介。乡村文化特色鲜明，文化类型丰富多样，许多优质的文化都具有传承和发展意义，而且这些文化还可以转化成旅游文创产品，为乡村经济振兴发展提供支持。但不可忽视的是，部分乡村和民族工艺以及文化在传承和发展过程中面临着传承人断代的危险。以蒙古族传统服饰蒙古袍为例，其一般都是纯手工制作，服饰巧夺天工，但复杂工艺与实际收入之间产生了强烈落差，愿意学习和继承该项传统工艺的人越来越少，优秀的乡村民族工艺难以有效传承下去，诸如此类问题亟待解决。随着乡村振兴战略和数字经济时代的到来，国家对乡村地区的经济扶持力度不断加大，数字化发展会带来人力资本红利和更加科学的生态环境保护措施，强化领导权威，在重塑乡村文化价值的同时，取精去糟和共建共享的价值理念会扎根在每个投身于乡村振兴的人才心中。

（3）循环功能发挥

领导权威在数字乡村治理中的循环功能主要表现为其与数字经济、人力资本、生态环境和乡村文化之间的交互作用。在领导权威的作用之下，数字技术驱动乡村经济寻找更加多元和适合的经营渠道，农产品附加值增加，促进产业转型和信息惠民。数字化的信息也会改善管理制度，使制度科学化、网络扶贫便捷化。数字化下完善的制度可以为生态环境的绿色化和智慧化保驾护航，科学的制度有助于人与自然成为生命共同体，最终的环境治理效果会反映领导权威结合数字化的发展程度。数字经济可以推动人力资本积累的平台建设和管理，促进更多人力资本异质升级，同时便利的数字化基础设施为人力资本深度扎根乡村地区提供途径。人们运用信息平台，因地制宜地分析当地环境形势，使当地的人文环境和生态环境和谐共生。良好的乡村生态环境有助于生成健康的乡村文化，是乡村文化和经济的发展基础。经济的健康发展可以引导乡村人力资本异质化升级，为乡村振兴做出长期贡献。高质量人力资本的存在也会规范领导者的领导权威，当领导权威伴随人力资本发展嵌入乡村文化时会与乡村文化形成价值互动，加快乡村文化价值重塑和优势发挥，提升综合影响力。乡村文化匹配数字化建设，产业转型有了更为坚实的环境基础，为当地村民提供适合的生活空间和生产条件，减少人才流失，完善基础设施，实现信息惠民和网络扶贫。数字经济的发展会进一步繁荣乡村文化，良好的乡村文化会驱动村民改善当地生态环境，良好的生态环境有助于积累人力资本，人才的异质聚集可以支撑数字经济的进一步发展。双向循环互为表里和补充，推动乡村振兴战略的全面实施。

3.1.4　结论与启示

数字乡村治理中领导权威的功能发挥表现为纵向、横向和循环三方面，涉及数字经济、人力资本、生态环境和乡村文化等变量。其中，纵向功能为"数字经济-领导权威-生态环境"，横向功能为"乡村文化-领导权威-人力资本"，循环功能为"以领导权威为核心，数字经济-人力资本-生态环境-乡村文化的双向循环"。在实践方面，首先，制定科学合理的管理制度，提升乡村基层组织的领导权威，改进治理思维，将人才自主培养和外部引进有机结合，积极倡导各界有志人士参加数字乡村建设，加强关于领导权威的数字化监管和思想建设。其次，完善当地关于新型职业农民的配套制度，加大教育培训投资，加强人才平台建设，提高人力资本异质化水平，增强数字化对于当地村民与引进人才的生活升级作用，提高村民幸福感，充分保障与落实基层用人主体的自主权；加强生态环境的监管建设，良好的生态环境有利于人力资本积累和数字化发展。最后，鼓励专业人才切实参与到乡村文化振兴与传承的相关活动之中，实施以知识产权明晰为基础、以知识价值为导向的分配政策，对边远贫困地区、边疆民族地区和革命老区的人力资本改造要重点关注，开放居民自治渠道，加强社会文化和共同体建设，更新规章制度和奖惩措施，真正发挥出领导权威的功能效应。

3.2 基于意识、主体与技术的治理路径

3.2.1 问题的提出

乡村振兴战略对于做好"三农"工作至关重要，加大强农、惠农和富农等方面政策在民族地区的支持力度，既是实现全体人民共同富裕的本质要求，也是民族地区乡村政策的持续深化和全面发展。2021年中央一号文件《中共中央　国务院关于全面推进乡村振兴加快农业农村现代化的意见》强调"加强党的农村基层组织建设和乡村治理"。中国的民族地区主要是生态屏障区、文化特色区和贫困聚集区，在民族地区实施乡村振兴战略就是要真正改变当地乡村的落后状态，实现乡村的健康发展，包括民族地区乡村的经济水平、政治环境、生态文明和文化建设等多个方面。通过民族地区的乡村发展，推动农业农村现代化，培养出新型职业农民，进而完成乡村振兴的总要求。显而易见，这既依靠于国家政策对民族地区乡村经济发展的倾斜，也需要乡村治理效能来支撑。进言之，民族地区乡村治理不仅与区域和谐稳定密切相关，也和整个国家的经济社会发展状况紧密相联。"乡村治则百姓安，乡村稳则国家稳"。当前世纪疫情叠加百年变局，民族地区乡村正处于转型时期，存在着治理思维相对落后、村民缺乏主体意识和公共服务供给不足等一系列问题，因此亟须完善乡村治理。

随着乡村振兴战略的提出，以民族地区乡村作为分析对象的治理研究成为当前热点。本节通过梳理相关文献，发现民族地区乡村治理研究主要集中在参与路径、融合路径与法治化路径等领域。具体而言，在参与路径方面，李松有（2020）指出农民在民族地区乡村贫困治理中拥有主体地位，应该充分参与以激活基层内生发展动力，从而真正实现乡村振兴；成卓（2020）认为社会资本应该参与到深度贫困下的西部民族地区乡村，路径选择是延伸社会信任半径、拓展民族关系网络、鼓励社会组织建立、传承与扬弃民族文化、调整产业结构以及完善扶贫制度机制；陈纪和赵萍（2019）以广西融水苗族自治县的三个村镇为调查对

象，提出当地多元精英参与民族事务治理的实践形态包括政府主导型合作性事务参与、精英自发型协商性事务和分歧性事务参与。在融合路径方面，梁阿敏（2020）发现文化在嵌入和融合过程中能够有效增强民族地区乡村治理效能，将路径总结为培育多元文化主体、发挥自治功能、尊重民俗习惯与提升多元文化契合度等；谭文平（2020）通过考察西藏自治区日喀则市拉孜县 G 村，提出可以通过完善民族地区的国家保障体系、建立融合传统的现代组织体系、探索三治有效融合的治理体系、构建前瞻性的村庄发展体系等举措，实现治理振兴，推动乡村振兴的发展。翟坤周（2019）按照城乡空间结构共生的显著特点，设计出多元协作的"产业—人才—文化—生态—组织—制度"集成路径，将其作为推进乡村振兴战略的变革方法。在法治化路径方面，彭振（2020）提出依法保障民族区域自治权，打造自治、法治和德治三者系统结合的乡村基层治理体系，持续提高法治服务水平，达成民族事务治理法治化的新跃迁；周喜梅和黄恒林（2019）认为一村一法律顾问制度助推民族地区乡村振兴战略的实施，可以采用强化经费保障与改革工作考核、建设人才队伍与保障贫困地域、生成法治信仰与重构乡村规范的形塑道路。赵翔（2015）专门研究石漠化地区的民族村寨治理，指出目标定位模糊、法律体系存在漏洞和善治格局不完备等问题不可忽视，并进一步提出治理目标聚焦可持续发展，平台整合成多中心治理，路径表现是多元化治理。此外，在其他方面，王猛（2019）认为民族地区乡村治理创新的五条路径分别是建设、组织、服务、福利和秩序；梅小亚（2018）围绕民族地区村民需求，提出健全民族地区乡村治理体系，加强基层组织建设、提高村民参与度和深化市场机制引入等治理路径。田夏彪（2017）认为民族地区村落治理的突围路径是构建融入生命生活之活教育体系、确立参与式联动化基层管理机制和设立公开化的"普及+精准"式帮扶系统。不难看出，尽管现有文献对民族地区乡村治理进行了一些有益探讨，但仍然存在民族特点不够突出、研究主题碎片化与治理逻辑模糊等问题。进言之，很多文献提出的治理路径与非民族地区相比并无明显区别，未体现出中国民族地区乡村的情境性与特殊性。不少研究以某一具体主题作为分析切入点，但从整体上对民族地区乡村治理路径进行研究的文献并不多见，而且对治理意识、技术与责任等方面的关注明显不足。基于此，在后疫情时代①，本节根据乡村振兴战略，旨在检视民族地区乡村治理的影响因素和主要特点，甄别现存问题、梳理发展历程并构建理论模型，从治理意识、治理主体与治理技术三方面系统探析民族地区乡村治理的特殊路径，并强调企业生态责任对乡村治理的重要作用，提升对民族地区乡村治理的认识，为乡村振兴下背景的学术研究、政策制定与组织发展提供理论参考与实践指导。

3.2.2 影响因素与主要特点

民族地区乡村治理涵盖乡村社会治理、乡村政府治理、基层组织治理与生态环境治理等多个方面。具体来讲，民族地区乡村治理包括权力监督、利益协调、路径升级、问题预警、人员流动、事件问责、信任机制、矛盾处理与社会保障等方面，关键是治理资源的整合配置、治理主体的结构优化、部门之间的协作配合与治理技术的功能完善等（廖业扬和李丽萍，2015）。很显然，这是一项复杂的系统工程，不仅需要对治理实施顶层设计，也需要基于现实情况科学合理地执行治理方案。总体来看，民族地区乡村治理的影响因素包括历史因素和现实因素，主要特点有治理情境的特殊性、治理目标的多元性和治理主体的民族性。

（1）影响因素

第一，历史因素。中国政治文化积淀深厚，农民具有勤劳、隐忍与淳朴等传统美德，这在一定程度上有助于乡村治理和地区稳定。自古以来，不管遭受的历史曲折多大，只要存在人，只要有依赖土地生活的农民，基于农耕文明的国家进程就不会中断（徐勇，2016）。但不可忽视的是，民族地区乡村的原始崇拜、小农意识、宗族因素和官本位思想依然存在，专制主义的历史遗留问题并未彻底解决，对民主法治的重视程度还有待提升。此外，中国具有尊重自然与热爱自然的传统文化，五千多年的悠久历史昭示着各族人民在环境保护上的共同努力和责任担当。"山林虽广，草木虽美，禁发必有时"，这是《管子·八观》中关于生态

---

① 后疫情时代并不是疫情完全消失，而是疫情有可能小范围发生，从外国或外地回流以及季节性的发作，对各方面产生深远影响。

建设的金玉良言。《孟子·梁惠王上》也提到"不违农时，谷不可胜食也；数罟不入洿池，鱼鳖不可胜食也；斧斤以时入山林，材木不可胜用也"。民族地区乡村居民在漫长的历史进程中，对自然环境产生了高度依赖性和互动性，对各种自然现象有特殊理解，从而形成了具有民族特点的治理思维与生态责任。

第二，现实因素。中国地域广阔，地区之间的发展程度存在较大差异，而民族地区作为重点生态功能区，生态安全形势严峻，生态文明建设任务艰巨（杨玉文和吴爱玲，2020），其乡村具有独特的地域属性与风俗习惯，因此，乡村治理不能仅为了经济增长而破坏当地生态环境，需要加强民族团结、因地制宜并与国家发展战略保持一致。此外，制度规范对民族地区乡村的治理效果具有深刻作用，而民族地区乡村基层治理的领导力量主要包括村级党组织、乡村政府组织和村民委员会，三者之间的关系是影响民族地区乡村治理的重要约束条件。然而，当前乡村青壮年劳动力外流现象比较严重，特别是大量男性劳动力离开乡村，精英群体流失速度加快，乡村内部优质领导资源无法满足现实需要（王亚华和舒全峰，2018）。进言之，随着中国城镇化进程的持续加快，众多乡村人口迁移至城市生活，人力资本不足与主体缺位也会对民族地区的乡村治理产生影响。同时，企业在民族地区乡村治理中发挥着重要作用，但过于看重经济指标，且由于存在环境保护工作周期较长、治理投资具有不可逆性、生态建设占用大量资金等问题，人们忽视了生态责任与环境效益，导致民族地区乡村的生态环境遭受到严重破坏。

（2）主要特点

第一，治理情境的特殊性。从整体上看，民族地区乡村大多处在地理环境封闭与自然条件较差的偏远区域，这些局限导致民族地区乡村在产业升级、文化发展与资源开发等方面遇到不少阻碍，而供给范围较大造成公共服务无法足够实现均衡化。同时，在乡村振兴战略推进过程中不能忽视对民族特色文化的保护，民族特色文化的现代发展对实施乡村振兴战略非常重要，最直接的就是可以形成旅游资源。此外，民族地区既是贫困集聚区，又是资源富集区，生产方式以农牧业和资源开采及加工业为主，这就需要在乡村治理过程中加大招商引资力度，通过企业参与将资源有效利用起来，改善发展模式和升级产业结构，促进脱贫攻坚成果和乡村振兴战略的无缝衔接。

第二，治理目标的多元性。虽然民族地区的村民以少数民族为主，但同时具有多民族混居的特点，这就使得民族地区的乡村治理目标要平衡同一地区不同民族的价值诉求，充分尊重各民族的人文历史与风俗习惯。苏轼在《题西林壁》中写道"横看成岭侧成峰，远近高低各不同"，这正是中华民族多元一体格局下民族地区乡村治理目标多元性的形象比喻。此外，民族地区的乡村治理不仅要支持乡村振兴，还要促进民族团结与民族繁荣，更要维护民族地区的长治久安。

第三，治理主体的民族性。主体是民族地区乡村治理活动的承担者和参与者，具有显著的民族特色。少数民族居民在民族地区人数众多，比较容易产生派系观念与族群意识，这一方面有利于形成社会资本从而促进乡村治理体系的完善，但另一方面有可能出现为了维护小集体利益而阻碍治理发展的现象。其实，民族地区乡村之所以会出现治理困境，既是缘于现代化与工业化对传统乡村的强烈冲击，更是因为尚未形成与新时代民族地区乡村社会相匹配的治理模式（李建兴，2015）。在乡村振兴背景下，民族地区乡村既要继承数千年的中国乡土文化基因，也要在一直以来具有的民族自治传统基础上，根据经济社会的变化寻找治理之道。进一步讲，抛开民族地区乡村社会实际的拿来主义治理方法，并不能真正解决问题。

3.2.3　民族地区乡村治理主要问题

乡村治理作为国家治理的重要组成部分，其治理效果与整个社会的治理成色紧密相联（蒋永穆等，2019），这既要遵循内在规律，又要不断发展创新，从根本上就是要实现乡村的现代化（丁志刚和王杰，2019）。新中国成立以来，中国共产党结合少数民族和民族地区的特殊情况，在民族工作中科学应用马克思主义基本原理，形成了一系列重要的民族政策理论，其在增进民族关系和发展民族地区经济等方面具有深远意义（郭夏坤和向燕君，2020）。民族地区乡村治理既是乡村振兴的前提和保障，也是乡村政治建设中不可忽视的重要内容（管前程，

2019）。本节通过总结历史经验和回顾相关文献，从历史时期、主要工作、关注重点、政策实施和显著特征五大方面分析新中国成立以来民族地区乡村治理的发展历程，如表3-1所示，并提出民族地区乡村治理存在的四个主要问题。

表3-1　　　　　　　　　民族地区乡村治理发展历程

历史时期	主要工作	关注重点	政策实施	显著特征
土地改革	民族区域自治	土地问题	土地没收和分配	高度集权
农业合作化	扶持发展	社会主义改造	劳动互助、常年互助组、初级农业生产合作社	逐步过渡
人民公社	民族融合	建立和巩固人民公社制度	三级所有、队为基础	政社合一
改革探索	民族团结	调整生产关系和解放生产力	生产责任制（特别是联产承包责任制）	村民自治
新农村建设	兴边富民	科学发展	全面协调可持续	紧紧围绕"三农"问题
乡村振兴	铸牢中华民族共同体意识	产业兴旺、生态宜居、乡风文明、治理有效、生活富裕	衔接于脱贫攻坚的现代化治理	自治、法治、德治相结合

（1）民族地区乡村治理主线明确性不足

民族地区乡村处于一个全新的历史阶段，时代发展对民族地区乡村治理提出了更高更严的要求，使主线趋向和意识问题变得更为必要和重要。民族地区的乡村治理不同于其他地区，民族风俗、宗教信仰、地域思想与族规祖训等传统因素对村民的观念与行为具有强烈影响，特别是在边远民族地区的乡村中有尤为明显，这使得民族地区乡村治理愈发复杂和综合。当前，民族地区的暴力恐怖活动和意识形态领域渗透威胁仍需重点关注，大汉族主义和狭隘民族主义的思想残余也不可忽视，以及地域差异性与固化文化多元性的客观影响（王易和陈玲，2019），这些给民族地区的乡村治理带来了诸多挑战和困难。与此同时，一些民族地区基层政府仍然沿用过去的管理模式与工作方法，且形成了惯性认同，造成乡村治理的意识失位与主线模糊。《诗谱序》有云"举一纲而万目张，解一卷而众篇明"，民族地区乡村治理的首要问题就是明确治理主线与治理意识，如此才能抓住主要矛盾，但以往的研究大多忽略了这一根本命题。

（2）民族地区乡村治理主体参与程度弱化

民族地区乡村发展已经出现结构性变革，乡村阶层分化打破了曾经的刚性格局，但不少乡村治理仍然主要通过乡镇政府和村民自治组织。民族地区乡镇政府的部分工作人员学历层次相对较低，工作能力有待提升，在乡村治理过程中往往采用过去的被动与复制模式，没有充分考虑到民族性与特殊性，造成"水土不服"，治理达不到预期效果。与此同时，民族地区乡村中的"三留"问题凸显，"空心村"现象愈发普遍，村民对土地依赖程度降低，乡村结构正在从熟人社会向陌生人社会转变，青年群体流失严重，留村居民受到年龄、身体和学历等因素影响，既缺乏参与乡村治理的主动性，也没有开展监督评价的能力。另外，民族地区乡镇政府的公共服务能力相对有限，基层社区运行效率不高，存在管理真空地带和服务不足缝隙，村党组织凝聚力需进一步巩固，村委会的自治与适应能力没有与时俱进，部分乡村"两委"成员配备不足或勉强配齐，村民主体地位淡化，乡村社会组织生存发展困难，功能定位混淆，专业化程度较低，多元共治格局尚未形成。

（3）民族地区乡村治理技术难以满足需求

由于自然地理和经济社会等方面的差异性，民族地区乡村治理面临较多的特定问题与特殊困境，不同地区具有不同的现实情况，需要选择适合的治理技术与方法。目前民族地区乡村治理中的科技支持力量明显缺乏，治理方式未能与时俱进，网络等基础设施建设落后，基层信息化人才不足，违法犯罪事件仍然存在，难以达成信息化和网格化全覆盖，广大农民群众在信息技术利用领域的数字鸿沟仍然较深，普遍存在村民信息素养不高、信息化应用水平不够、农村数据资源难以全面共享等问题。此外，随着工业化与城镇化进程加快，民族特色文化旅游资源优势愈发突显，但乡村人口规模和人数不断降低，城乡关系、供求关系和生产关系正在发生深刻变革，这就要求在民族地区乡村治理过程中，充分应用现代科学技术，通过科技方法将先进的治理理念传达至基层，实施专门攻坚项目和工程，在分析问题和解决问题的过程中不断探索民族地区乡村治理新路径。

（4）企业在民族地区乡村的生态责任履行缺位

由于民族地区易于出现自然灾害，又是国家的生态屏障，因此，乡村治理要融合生态建设，努力将"绿水青山"转化成"金山银山"，达成人民富和生态美相结合的目标。在一定程度上，现代市场经济条件的某些企业活动是引起生态问题的主要源头（周文翠，2017）。在乡村振兴背景下，越来越多的企业开始从城市迁往乡村，大量的工业园区在乡村逐渐规模化建立，但因为难以在短期内完善生态环境保护设施建设，相关法律法规体系尚未建立健全，又缺乏对生态环境承载能力的科学评估和企业选址系统规划，民族地区乡村生态环境问题处于监管的模糊领域，造成工业废气、废水和废渣肆意排放，大量工业垃圾堆积在乡村，民族地区乡村承担了城市工业化转移引起的生态环境破坏问题。同时，规模以下经营性养殖户造成的生态破坏问题也不容忽视。朱熹在《观书有感》中提及"问渠哪得清如许，为有源头活水来"，形象隐喻出民族地区乡村生态文明建设源头企业的重要性，因此当前企业生态责任的缺位问题亟待解决。需要注意的是，以往关于民族地区乡村治理中生态建设的研究大多是基于政府视角，鲜有从企业层面进行分析的文献。

3.2.4　治理路径

随着后疫情时代的到来以及数字经济的发展和城镇化的加速，民族地区乡村社会正在发生着诸如利益分化、结构复杂、人才不足和异质程度加重等深刻转变，这使得民族地区的乡村治理需要明晰路径以应对不断出现的新挑战和新困难。民族地区乡村治理路径是在国家乡村振兴背景下，根据特殊情境确立治理方向和方法，包括治理意识、治理主体、治理技术和治理责任等方面，从而健全民族地区乡村治理体系，增强民族地区乡村治理能力。鉴于民族地区乡村治理的影响因素、主要特点和现存问题，本节构建出民族地区乡村治理的内在逻辑，如图3-1所示。

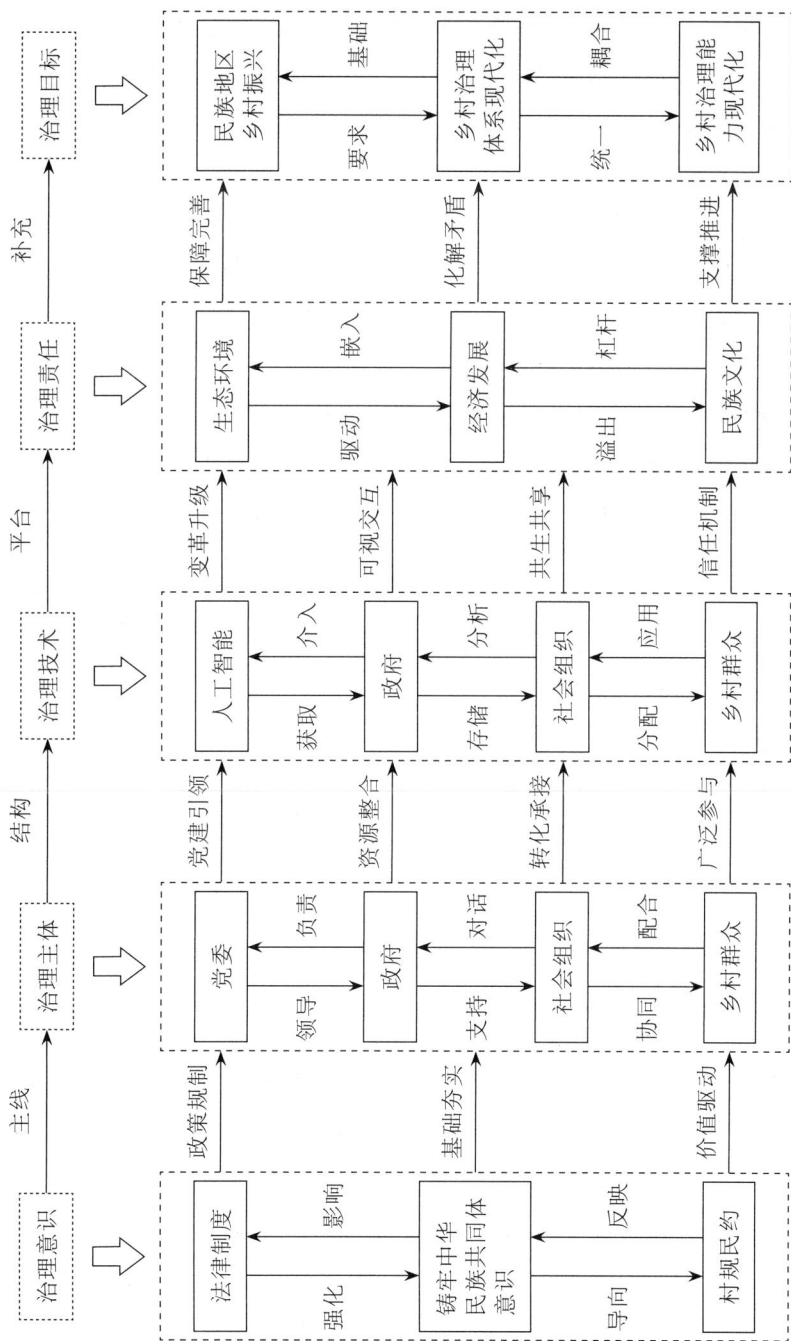

图 3-1 民族地区乡村治理内在逻辑

乡村振兴战略的提出，为民族地区乡村明确了治理方向。一方面，乡村振兴是民族地区乡村治理的动力和目标，因此，治理要基于多方面的振兴，切实解决民族地区乡村治理过程中的问题。另一方面，民族地区有效的乡村治理是乡村振兴的坚实基础，民族地区乡村处于动态发展之中，这就需要采用相应的治理措施，以满足乡村振兴战略中关于治理的要求。在图 3-1 中，民族地区乡村治理遵循"主线—结构—平台—补充"的内生逻辑，路径表现为"治理意识—治理主体—治理技术—治理责任—治理目标"。进言之，治理意识是主线，治理主体为结构，治理技术当平台，治理责任作补充，通过内部的因果联动来实现整体治理目标。习近平总书记在 2019 年召开的全国民族团结进步表彰大会上明确指出，"实现中华民族伟大复兴的中国梦，就要以铸牢中华民族共同体意识为主线，把民族团结进步事业作为基础性事业抓紧抓好"。治理意识是主体对民族地区乡村治理的直接反映，在治理意识层面，铸牢中华民族共同体意识是基础和根本。铸牢中华民族共同体意识对法律制度具有显著影响，对民族地区的村规民约发挥导向功能，而法律制度的确立可以进一步强化铸牢中华民族共同体意识，各民族地区不同的村规民约能够反映铸牢中华民族共同体意识的推进情况。治理意识通过基础夯实、政策规制和价值驱动来影响民族地区乡村治理的各个主体。当前民族地区乡村发展由于社会主体缺位而发生了诸多问题（田夏彪，2017），因此，在治理主体层面要真正体现出民族特色和情境要求，党委领导政府，政府支持社会组织，社会组织协同广大乡村群众，乡村群众配合社会组织，社会组织要与政府充分开展对话合作，政府对党委负责。通过民族地区乡村治理各个主体之间的交互作用，以党建引领、资源整合、转化承接和广泛参与的形式接受与应用前沿治理技术。当数字化和智能化成为人类世界的未来发展共识之后，数据变成社会进步的新动能，以人工智能（AI）、区块链（Block Chain）、云计算（Cloud Computing）和大数据（Big Data）为代表的"ABCD"技术应该成为民族地区乡村治理的重要科技平台，但一些民族地区的乡村居民仍然质疑现代医疗技术、怀疑前沿科学技术（谭文平，2020）。因此，在治理技术层面，需要在操作时应用现代治理技术，提高民族地区乡村治理的精细化程度（王猛，2019），与民族地区乡村治理有关的大数据介入人工智能并存储于云端，人工智能获取大数据，云计算分析大数据，区块链的核心价值是信任并基于此应用云计算服务，云计算实现各乡村各民族的按需分配。治理技术以平台赋能的方式促进治理责任的变革升级、可视交互、共生共享和形成信任机制。另外，很多人对乡村公共生活安定和谐的公共"责任担当"非常缺乏（田夏彪，2017），因此在治理责任层面，经济发展要以当地的生态环境为基础，并对乡村民族文化起到溢出效应，而良好的生态环境有利于招商引资，促进民族地区乡村经济发展，具有特色的民族文化可以起到杠杆作用，这要求相关主体特别是企业真正承担起生态责任，因为企业直接导致的生态问题层出不穷（刘燕，2019）。党的十九大报告指出，"我国社会主要矛盾已经转化为人民日益增长的美好生活需要和不平衡不充分的发展之间的矛盾"。很多民族地区乡村环保意识较差，为获得经济利益而恶劣破坏自然环境，生态治理难度变大（管前程，2019），那么责任在治理路径中的适时加入，有助于内在化解民族地区乡村治理过程中出现的矛盾，对乡村治理目标的实现起到保障完善和支撑推进作用。治理目标是在民族地区多元一体格局之下，达成治理体系现代化和治理能力的现代化，二者之间是统一与耦合的关系，作为乡村振兴的基础，完成乡村振兴的要求。

3.2.5 民族地区乡村治理的实践路径

根据本节构建的理论模型，民族地区乡村治理实践路径主要表现在意识、主体、技术和责任四个方面。具体来说，在意识层面以铸牢中华民族共同体意识为主线，兼顾法律制度和村规民约；在主体层面，党委、政府、社会组织和乡村群众之间要形成积极联动效应并体现出民族特色；在技术层面，大力研发与应用以人工智能、区块链、云计算和大数据为代表的数字技术；在责任层面，在努力实现经济发展目标的基础上，高度重视企业生态责任建设。需要说明的是，民族地区发展的不平衡和不充分问题会阻碍社会的进一步发展（谭文平，2020），民族地区乡村振兴的基础是治理有效，这意味着治理兼具当前乡村治理的普遍性和民族事务治理的特定性，二者缺一不可。民族地区乡村治理实践路径如下：

（1）铸牢中华民族共同体意识

党的十九大报告指出，"铸牢中华民族共同体意识，加强各民族交往交流交融"。铸牢中华民族共同体意识，并非使中华民族认同和本民族认同形成冲突，而是教育各族人民摒弃狭隘片面的本民族自我认同约束，一起构建中华民族整体认同、推动中华民族共同体的全面建设（王延中，2018）。人们应该尊重历史规律、多元文化和中华民族的奋斗历程，从中华民族共同体的高度实施民族地区乡村治理，强化法律制度建设，将意识形态工作与乡村治理实践有机结合。这既要依靠电视、广播、书报与网络等主流宣传渠道，以鲜活案例帮助民族地区乡村居民铸牢中华民族共同体意识，又要发挥各类文化宣传活动的作用，根据民族地区的实际情况，将治理上升到铸牢中华民族共同体意识层面，从而在民族地区稳步推进乡村振兴战略。在乡村振兴背景下，坚持以铸牢中华民族共同体意识作为关键主线改善治理政策、更新治理结构和升级治理机制，促使民族地区乡村具有更为现代的治理体系和治理能力，表现为治理政策从复杂僵硬向精简灵活调整，治理结构自封闭割裂到开放多样变革，治理机制由松散垄断至民主有序转化。

在新时代，铸牢中华民族共同体意识是民族地区乡村政治逻辑的直接体现。民族地区乡村居民在长期生产生活中形成了一类特殊的行为规范，以石碑铭文、民族歌谣与村规民约等为主要表现形式，在民族地区乡村治理中发挥着重要作用，其中蕴含的民族精神、和谐发展与团结进步等内涵与中华民族共同体意识相一致。为了铸牢中华民族共同体意识，村民委员会应该明晰符合新时代要求与法治精神的有关规范，使之成为民族地区乡村治理体系的关键组成部分。与此同时，学习好、使用好国家通用语言文字是民族地区乡村居民的责任，推广好、普及好国家通用语言文字是民族地区乡村治理的重要途径，关键是加强民族地区乡村教师普通话能力与学前儿童的普通话教育。对于多民族群众共居的乡村，需要有人口数量相对较少民族的成员加入村民委员会并发挥积极作用，进一步完善治理体系。在民族地区乡村治理中，应该畅通各族村民的参与渠道，促进各族群众参与各项村级事务的管理活动，积极营造各民族彼此嵌入的乡村环境与治理结构，推动民族团结进步事业繁荣发展，这既是新时代乡村治理的基本要求，也是铸牢中华民族共同体意识的深层内涵。

（2）推动具有民族特色的多元主体参与

在乡村振兴背景下，良好的民族地区乡村治理格局需要各个主体共同参与，参与主体包括党委、政府、相关组织与公民个人等。民族地区乡村治理主体与其他地区的治理主体有所不同，民族自治机关承担着"国家治理"与"民族治理"的双重任务，而民族地区的民族成份通常较多，这使得民族地区乡村治理主体具有多元性与复杂性的显著特点。充分参与对于乡村治理非常重要（Oliver et al.，2020），多元主体的参与协同可以促进社会潜力的挖掘与居民动力的激发（李枭，2018）。民族地区乡村一直具有通过具有民族特色的传统社会组织实施治理的做法，例如瑶族的石牌组织、基诺族的长老组织、侗族的寨佬组织与仫佬族的冬组织等。随着时代变化，民族地区乡村又涌现出党群理事会、综合化服务社、妇女中心户、屯长制组织、新型乡村经合组织、老龄人协会、乡贤会与专业合作社等各类新型组织（王猛，2019）。这就使得治理主体的类型较多，既给民族地区乡村治理带来了现实挑战，同时也迎来了发展机会。在民族地区乡村治理中，各级党委及村级党组织承担着决策工作与领导责任，各级政府应该带动村委会负责民族地区乡村治理的健康发展。各类企事业单位与社会组织需要和基层党委和政府开展对话合作，真正参与到民族地区乡村治理中，而且村民亦是乡村治理中不可忽视的重要参与者。因此，民族地区乡村基层党组织在治理过程中更应起到引领作用，基层政府需成为治理的带动力量，社会组织应在民族地区乡村发展中切实参与治理，广大村民需要全面提高自治程度，乡贤的功能应该进一步体现。

展开来讲，民族地区乡村治理多元主体参与的核心是各级党委的高度重视、统筹兼顾与全面推进，健全自治、法治与德治相结合的民族地区乡村治理结构，确立乡村党组织在治理中的带头作用，凭借负责人与班子成员的能力优化来提升乡村党组织的领导力与凝聚力；关键是基层政府与村委会充分发挥出应有作用，组织各方资源与力量投入到民族地区乡村治理中；重点是社会组织、社会团体与各类企事业单位的积极参与，尤其关注孵化、培育和扶持公益性组织的发展壮大并能起到专业性功能；基础是民族地区乡村居民的踊跃参与，通过互助与自助等多种方式推动治理的顺利开展（张春龙，2020）。值得一提的是，权利意识觉醒是乡村政治参与的重要基础，民族地区乡村居民权利意识的提高有利于其作为治理主体积极参与治理过程。进一步讲，对民族地区乡村居民培育的要点是理念、权利、责任与义务，和以这些驱动而参与乡村事务的权利意识与公共理性（应小丽和钱凌燕，2015）。只有民族地区乡村居民意识到自己拥有权利，那么当其权利遭受损害时才可能凭借制度途径予以正式应对，同时需要规范乡村组织及领导人员的治理行为，进而增强民族地区乡村治理的民主性和法治性。另外，民族地区乡村居民应该主动学习和适应有关法律与文件，学会保护自身的合法权益，如此村民才会成为乡村治理的真正主体，而这一主体的广泛参与亦为民族地区乡村治理带来更为丰富的创新元素、公共理性和内部活力。

（3）开发与应用符合民族实际的数字技术

互联网、大数据与区块链等数字技术的快速发展，不仅深刻改变着民族地区乡村居民的工作方式与生活节奏，也极大推动着民族地区乡村治理理论与实践的发展，已经成为支撑经济社会发展的重要力量。信息数据对于乡村治理具有显著作用（Kosec & Wantchekon，2018），以数字技术推动民族地区乡村治理，核心是在尊重民族乡土性和符合民族实际的基础上，寻求乡村治理内部与外部各个系统的整合发展。

首先，治理的领导人员、执行人员与监督人员等应该更新理念，以数字技术合理升级传统的乡村治理方法，进而明确治理方向与路径。具体而言，根据信息数据做好民族地区乡村治理的顶层设计，实现数据的更新和算法的迭代，并通过分工协作理念在全局上分析各个治理主体及治理要素之间的关系，同时掌握运用已知信息推导未来预期与结果，推动民族地区数字乡村的政府一体化平台建设，将乡村、社区、人口、设施与网格楼栋整合到现代智能治理数字平台。提高民族地区乡村电商发展速度，搭建智慧农业的大数据平台以准确指导农业实际活动，促进手机直播销售成为民族地区农民生活常态。凭借云计算提高民族地区乡村治理与建设的效率，同时重点研发自动化、小型化和多样化的人工智能农业机器人，大力推广"电子医生"远程医疗系统和"电子教师"远程教育系统，有助于民族地区城乡协调发展。基于数字技术的治理协作系统是动态变化的，通过数字技术对治理主体行为形成激励约束效应，进而构建适合民族地区乡村治理的多维数据库，以引导民族地区乡村治理向着符合乡村振兴战略的方向发展。

其次，民族地区具有民族与宗教等多因素叠加的人文环境，同时地理生态环境复杂多样，基层社会治理相对薄弱，使得民族地区乡村治理面临着社会矛盾与自然灾害的双重考验，如果应对不当，就可能诱发严重的民族问题。数字技术可以有效实现危机预警与危机应对，凭借数字技术及时掌握民族地区的真实舆情动态，甄别关键数据、把握核心资料并剔除干扰资料，跟踪分析社交信息，确定问题缘由、关键人员与信息传播途径，从而帮助有关部门及时跟进并采取措施，实现民族地区的稳定与发展。需要说明的是，数字技术中非常重要的一点是对区块链的理解和运用。区块链治理的核心为自治，每个节点之间相对平等且凭借内在机制实现共识，从而产生自治。进一步讲，区块链里的各节点皆为自治主体，只有每个节点起到作用，才可能实现全网治理。这意味着在乡村振兴背景下，民族地区乡村治理的关键是能否激发足够多的村民自治热情，使其成为民族地区乡村治理主体。因此，民族地区相关部门应该增加宣传范围与强度，将广大村民的参与积极性调动起来，逐渐提高乡村居民自治水平。通过民族地区乡村数字建设，为乡村振兴战略注入强劲新动能。

（4）强化民族地区企业生态责任建设

乡村振兴离不开企业的参与和带动，需要企业带来经济活力和发展动力，这也是经济发展的根本要求。但是，民族地区作为生态屏障区和自然灾害易发区，更需要企业积极履行社会责任，特别是生态责任。这里的生态责任不仅具有节能减排和污染防治等普遍性要求，也具有自身的特殊性，即符合民族工作的要求，强调民族性与时代性。

一方面，保护与建设民族地区乡村生态环境。民族地区丰富多样的生态资源是推动社会进步的现实和潜在基础，保护与建设民族地区乡村生态环境，并在此基础上通过企业参与有效实现资源的资本转化，可以促进乡村治理与生态文明建设。民族地区乡村的经济社会发展水平相对滞后，借助企业力量推动区域发展已成为民族地区实现高质量发展的重要途径。生态责任并非企业的额外负担，而是改善企业形象、增强竞争优势与提升综合价值的关键因素，对于跨国企业而言，更是快速融入全球经济体系的重要途径。有关民族地区环境保护与生态建设的法律法规是企业履行生态责任的最低要求，同时企业应该积极实现经济活动的绿色化与生态化，在产品研发、原料采购、组织生产与市场销售等环节皆应坚持环保原则，形成节能减排的经营模式。此外，企业需要加强民族地区乡村生态资源的循环应用，创新与发展民族生态产品，凭借更新现有设备、改进制造工艺、加强清洁生产、研发替代材料与淘汰落后产能等方法降低不可回收和不可再生资源的使用率，减少对生态资源的过度开发与不科学利用，避免民族地区乡村生态环境的持续恶化，以期再现"采菊东篱下，悠然见南山"的自然心境与"绿江深见底，高浪直翻空"的生态画面。进一步地，企业应该构建生态责任的内部激励机制、信息发布制度与组织保障体系，以加强内部管理的形式开展生态文明建设，激发员工参与环境保护的热情，在组织行为与个体行为两方面为履行企业生态责任提供有力支撑。

另一方面，尊重与适应民族地区乡村的多元文化。民族文化是一个民族在历史进程中创造出来并借此生存的独具特色的文明集合，包括物质文化与非物质文化。中国共有56个民族，各民族都有自身的文化内核与特定表现，在结构上呈现出多元一体的显著特点。对于乡村治理中的企业生态责任而言，尊重与适应民族地区的多元文化是对村民持有的宗教信仰、审美情趣与风俗习惯的理解和敬畏，企业应该在深入调研的基础上，将与生产经营有关的民族文化合理内化成企业文化的一部分，积极参与当地的乡村活动与生态文明建设并根据市场现状与顾客需求制定战略规划。这意味着企业生态责任不仅包括硬性的地理环境范畴，也包括软性的文化环境范畴，二者辩证统一。在民族地区乡村，企业员工既存在全部属于单一民族，亦有包括多个民族的情况，前者主要是乡镇企业或小微企业，后者大多为中大型企业，这就要求乡村治理中企业充分考虑到民族的多元化与融合性，在履行生态责任时应该创新管理思路，对民族地区与生态保护区实施差别化的工作方式。此外，掌握当地乡村的民族语言与文字也是民族地区企业生态责任建设的重要内容，这就要求各级管理者与基层员工都应根据自己的岗位职责学习民族语言与文字，这样有利于团结各民族员工并获得乡村管理部门的支持。值得一提的是，基于对多元民族文化的尊重与适应，企业应该全面开展生态文化建设，不断提高组织成员的民族环保意识，在国家推动生态文明建设的宏观背景下，确立人与自然是生命共同体的环境观，使履行生态责任成为一种自觉行为，从而切实助力乡村振兴战略在民族地区的顺利实现，以及乡村治理体系和治理能力现代的全面推进。

3.2.6　结语

乡村振兴战略是对新时代"三农"工作的宏观指引，为民族地区经济社会全面发展揭开了新篇章。但不可忽视的是，民族地区乡村治理的内部条件与外部环境处于动态变化之中，因此，完善民族地区乡村治理是社会的要求与时代的呼唤。民族地区受到自然环境与人文历史等因素的影响，乡村治理需要因地制宜并与国家发展战略保持一致。在政策上，民族地区乡村治理应该持续加强党的领导，全面贯彻党的民族政策，确保责任制落实，坚持走绿色发展道路，各地出台乡村振兴、民族团结进步事业和兴边富民等方面的政策文件和行动计划，推广运用积分制，积极做好民族乡村振兴试点申报工作，促进农业农村经济社会数字化转型。进言之，民族地区应该依照乡村振兴战略的总要求，在充分尊重民族性与乡村性的基础上，坚持稳中有进的工作方针，秉持新时代的高质量发展理念，厘清民族地区乡村振兴与乡村治理之间的辩证关系。民族地区乡村治理的影响因素体现在历史与现实两个方面，特点包括治理情境的特殊性、治理目标的多元性和治理主体的民族性。现存问题主要有治理主线明确性不足、治理主体参与程度弱化、治理技术难以满足需求和企业生态责任履行缺位。民族地区乡村治理路径模型遵循"主线—结构—平台—补充"的内生逻辑，具体表现为"治理意识—治理主体—治理技术—治理责任—治理目标"。民族地区乡村治理实践路径是铸牢中华民族共同体意识、推动具有民族特色的多元主体参与、开发和应用符合民族实际的数字技术、强化民族地区企业生态责任建设四个方面，从而推动乡村振兴战略的全面实施，促进民族团结进步事业繁荣发展，绘就民族地区乡村发展美丽画卷。

3.3 时间压力对沉浸体验的影响机理

3.3.1 问题提出

在中国处于经济全面转型的情境下，996工作制、狼性文化盛行并凸显出很多企业不惜一切代价竞争的决心与勇气（滕飞，2020），很多组织提高治理效能和转型适应性的主要方法是增加员工的工作内容或提高任务负荷，以致员工经常面临"时间紧、任务重"的困境，从而使员工处于时间压力（Time Pressure）的状态中[①]。因此，组织治理要充分考虑到存在时间压力的情境现实。很多学者认为，当员工经历时间压力时，会产生负面情绪，并对工作的积极性、创造性与满意度等造成消极影响。但是，伴随着积极组织行为学的快速发展，近年来，已有越来越多的学者开始关注时间压力的良性作用，诸如其对工作绩效、创新行为与决策质量等所具有的积极影响。已有研究表明，时间压力实际上是一种挑战性压力，而挑战性压力有利于个体积极工作并对其发展有益，且这类压力有助于员工形成与工作相关的沉浸体验。进一步讲，处于沉浸体验中的员工能增加工作质量并提高组织绩效。也就是说，时间压力与沉浸体验之间存在着必然联系。虽然时间压力是一种最普遍、最常见的

---

① 时间压力是职场中最常见的压力，面对时间，有的员工怨天尤人，抱怨时间对他不公；有的员工却能轻松驾驭，取得事业上的成功。这其中的原因之一在于对于时间每个人的安排和利用方法不同。要想合理地安排和充分地利用时间就要懂得时间压力的内在机理并能有效管理。

压力源（Whetten，2002），沉浸体验（Flow Experience）又是积极组织行为学领域的核心构念（Fullagar & Kelloway，2009），但学术界尚缺乏对这二者之间关系的研究，尤其是缺乏时间压力对沉浸体验影响机理的探索。与此同时，学者们对沉浸体验的内部结构也存在较大争议，存在很多理论模型，例如，沉浸体验的三阶段模型、四区间模型、八区间模型与九因子模型等。而且，这些研究主要是基于西方发达国家背景下组织情境进行的，尚缺乏以中国组织为背景的本土沉浸体验结构检验。

综上所述，本节认为，研究中国转型经济情境下的沉浸体验内部结构，并在积极组织行为学的视角下分析时间压力对沉浸体验影响的内在机理是十分必要的。目前，学术界重点关注研究者是否使用了中介变量与调节变量，从而得到不同的研究结论（Al Nima et al.，2013）。因此，本节在探索时间压力对沉浸体验影响的内在机理时，借鉴了心理学与教育学中的相关文献，通过设立全新的中介变量——促进性焦虑（Facilitating Anxiety），旨在更科学地揭示时间压力与沉浸体验之间的关系。此外，本节还提出了影响时间压力与沉浸体验之间关系的重要调节变量——决策权力（Decision Authority），试图能在更深的层次上厘清时间压力对沉浸体验影响的内在机理。

3.3.2　理论与假设

（1）时间压力对沉浸体验的直接影响

时间压力理论源于生理学领域，但随着学术界对时间压力理论的持续研究，该理论引起了更多领域学者的关注。人们在日常的工作情境中会经常面对时间压力，例如完成工作报告的最后期限（Roskes et al.，2013）。Ariely 和 Zakay（2001）指出，时间压力是由个体完成任务的时间被缩短而引起的，但这种客观的时间限制需要依靠主观的个体知觉，并且存在相应的情绪体验才可以真正感受到。相应地，沉浸体验理论源于心理学领域，此概念一经提出，便迅速成为学者们研究的焦点问题，并由心理学逐步扩展至音乐、教育、运动、游戏与管理等领域。因为不同领域的学者对沉浸体验的研究角度不同，所以人们对沉浸体验的理解也有所差异。在中国，有些学者又将 Flow Experience 译为流畅体验或心流体验。Csikszentmihaiyi（1975）认为沉浸体验是人们面对的挑战与拥有的技能平衡时，全身心进入活动时的一种快乐状态。在这种状态下，人们会出现无意识感，似乎其他事情都不重要，只有所从事的活动才是最重要的，而且对这种感觉特别享受，驱使人们不惜任何代价去寻求再次体验这种状态。关于沉浸体验的内部结构，学术界虽有分歧，但大多数学者接受沉浸体验具有9个维度的观点，即挑战-技能平衡、行动-意识融合、清楚的目标、明确的反馈、专注任务、潜在的控制感、失去自我意识、时间感扭曲与自觉体验（Jackson & Marsh，1996）。需要注意的是，不同个体的沉浸体验会产生相异的结果（Aubé et al.，2014）。此外，Karau 和 Kelly 指出，时间压力会使个体的注意力聚焦，当时间压力增加时，与实现目标相关的工作特征会得到个体的高度重视，而与实现目标相对无关的工作特征会被个体忽视，由此促成问题的解决（Karau & Kelly，1992）。人们在经历生活中的深层次满足与愉悦时会产生一种积极体验，或者人们处于一种意识协调有序的状态，而且不管在做何种事情，都渴望继续下去，去得到并享受这种体验。在此过程中，个体的时间意识与自我意识会消失，持续产生入迷，实际上这就是沉浸体验（McGinnis et al.，2008）。正是由于时间压力的这些特点，在员工经历时间压力时，若其能够清楚明确自己的工作目标，并专注于问题的解决，就有可能使个体产生时间感扭曲。需要指出的是，清楚的目标、专注任务与时间感扭曲正是沉浸体验包含的重要维度。因此，本节提出假设1：时间压力对沉浸体验具有直接的正向影响。

（2）促进性焦虑的中介作用

焦虑理论源于存在主义哲学，后来又陆续出现了精神分析、行为主义与认知理论等流派。学术界对焦虑的研究，主要集中在前因变量与结果变量上，例如焦虑与成就动机、性别类型、认知方式、人格特质等变量之间关系的研究。但是，将焦虑作为中介变量的研究鲜有出现。对于焦虑的分类，Alpert 和 Haber（1960）指出，焦虑分为促进性焦虑与阻碍性焦虑两种类型。顾名思义，促进性焦虑是指有益于个体，并发挥积极作用的焦虑；阻碍性焦虑是指不利于个体，并具有消极作用的焦虑。不过令人遗憾的是，虽然 Alpert 和 Haber（1960）的观点提出已久，但国内外学术界对促进性焦虑与阻碍性焦虑的研究主要局限在学习领域，而且关注的重点大多集中在阻碍性焦虑。这一事实，与工作压力理论研究所呈现出的由消极到积极、由静态到动态、由被动到主动的发展趋势（赵欣等，2013）形成了强烈的反差。鉴于此，本节将促进性焦虑作为研究的中介变量是一种有益的尝试。另外，Karasek 构建的 JDC 模型将压力研究从心理学领域引入管理学领域，其构建的动态模型则首次强调了工作压力的学习效应。因此，基于积极组织行为学的视角，将同时属于学习领域与压力领域的促进性焦虑引入工作场所进行研究，显然具有重要的理论意义。已有研究表明，适当程度的焦虑水平能够提高个体的警惕性，使其更快地知觉和处理环境中的潜在威胁，从而能提高个体的生存适应性（彭家欣等，2013）。这无疑表明，促进性焦虑对组织与个人的发展都具有重要作用。例如，企业的研发人员为了使新产品早日上市，具备先发优势，不得不经常"赶工期"，于是产生了焦虑，而在这种焦虑相伴下产生的动力有时恰恰可以提高员工的工作质量与速度。类似这样的例子在现实生活中比比皆是。

对于时间压力与焦虑的关系，Hockey 和 Hamilton（1983）认为，时间压力是个体层面对时间限制所产生的一种情绪或情感反应，它可以使个体感到焦虑，并影响到工作效果与效率。也有学者认为，时间压力是个体由于完成工作的时间越来越紧迫所形成的焦虑（Svenson & Edland，1987）。更有甚者，还有人把我们这个时代称为"焦虑的年代"（舒晓兵，2005）。本节认为，工作场所中的焦虑是个体在时间压力下产生的包括促进性焦虑与阻碍性焦虑在内的一种心理和生理反应。此外，中西方员工的工作压力源大体相同（Xie et al.，2008），压力对绩效有着重要影响（Hunter & Thatcher，2007），如果管理者对员工的工作压力问题处理不当，将会使组织付出巨大代价。另外，Csikszentmihaiyi（1975）认为，当挑战与技能平衡时，个体则会进入沉浸体验状态；当挑战与技能失衡程度相对较大时，个体则会进入焦虑状态。不可忽视的是，当挑战与技能都较高时，个体倾向于重复产生沉浸体验（Llorens et al.，

2013）。由此看来，焦虑实际上是挑战-技能交互作用情境下的一种暂时状态，即个体产生焦虑后，伴随着挑战与技能的良性互动，个体会进入沉浸体验状态。因此，本节提出假设2：促进性焦虑在时间压力与沉浸体验之间具有中介作用。

（3）决策权力的调节作用

Karasek（1979）将决策权力归为工作控制范畴，认为决策权力是一种约束，这种约束将压力调节并转换成行动的力量。自此，决策权力开始在工作压力领域引起学者们的重视。具体来看，决策权力是指个体在与任务相关的决策中的自主程度，例如，对工作时间、工作空间与工作方法的控制（Häusser et al.，2010）。也就是说，员工感受到的决策权力实际上是一种工作控制。Averill（1973）指出，与压力相关的控制分为三种，分别是行为控制、认知控制与决策控制，个体所体验的控制能够调节其感受到的压力。当工作控制感减少时，易于使员工产生焦虑等工作压力（Karasek，1979）。此外，焦虑也会影响员工的心理健康，且通过个体心理健康的程度可以预测其工作绩效。一般来说，员工的心理健康状况既依赖于工作的负荷水平，也取决于个体是否感知到对周围情境的控制，而决策权力正是这种控制的一个重要方面。另外，工作压力主要与两种工作特征相关，分别是工作量与工作自主程度。本节认为，工作自主程度，也就是决策权力的水平，会对工作压力产生重要影响。已有研究发现，工作压力实际上归因于对控制感的需求或自主性的缺乏（Hall & Savery，1987）。以销售人员为例，工作自主性缺乏是他们的主要工作压力源之一（王永丽和何熟珍，2008）。

个体为了应对压力而采取的策略，既可以是以问题为中心的，目的在于应对所感知到的压力源；也可以是以情绪为中心的，目的在于应对所感知到的压力体验以及其他相关后果（Folkman，1984）。特别是情绪，与压力不可避免地联系在一起（Styhre et al.，2002）。既然时间压力作为一种压力源，促进性焦虑也是压力中的一种，那么，是否存在某种策略可以同时应对这二者？这也是本节所关心的一个焦点问题。一方面，由于时间压力会对个体产生影响，但当个体拥有足够大的决策权力时，较高的时间压力则被认为是一种积极的挑战（Ruysseveldt & Dijke，

2011），且时间压力会对个体的决策造成影响（Beach & Mitchell，1978）；另一方面，虽然固定时期的工作控制能够使时间压力与个体情绪之间的关系处于相对稳定状态，但在具有更高工作控制的时期里，时间压力对与专注任务有关的个体情绪是有利的（Kühnel et al.，2012）。进一步说，促进性焦虑的表现之一即是专注任务，而专注任务又恰是沉浸体验的重要维度。鉴于此，本节认为决策权力是一种以问题与情绪为双中心的应对策略，有助于个体从促进性焦虑状态转化为更加积极的沉浸体验状态。因此，本节提出假设3：在时间压力的影响下，决策权力对促进性焦虑与沉浸体验之间的关系具有调节作用，即存在调节的中介作用。

3.3.3 研究方法

（1）研究对象

为保证研究的代表性、严谨性与有效性，本节对国内20家企业的员工进行了问卷调查。被调查的企业涉及制造、石油、银行、电力、运输、饲料与房地产等多个行业，遍布北京、天津、深圳、昆明、大连、沈阳与哈尔滨等多个城市。本次问卷调查从开始发放到最终回收持续了4个月之久，共发放问卷450份，回收问卷385份，剔除无效问卷38份，最终得到有效问卷347份。问卷回收率为85.6%，有效率是77.1%。样本结构为：男性占51.6%，女性占48.4%；26岁以下的占14.7%，26~30岁的占36%，31~35岁的占22.3%，36~40岁的占11.2%，41~45岁的占9.2%，46~50岁的占4.9%，50岁以上的占1.7%；本科占77.5%，硕士占14.1%，博士占0.9%，其他占7.5%；工作1~5年的占33.7%，6~10年的占32.6%，11~15年的占13.3%，16~20年的占7.5%，21~25年的占6.9%，26~30年的占4.3%，30年以上的占1.7%；基层员工占70.9%，中层管理者占25.9%，高层管理者占3.2%。

（2）研究工具

本节采用的问卷都是学术界普遍认同的成熟量表，包括时间压力、沉浸体验、促进性焦虑与决策权力4份问卷。本节把量表汇总在一起，主要通过纸制问卷的形式，一次性发放给被调查对象。所有量表都采用国际类似研究通用的Likert五级量尺，1表示"非常不同意"，2表示"较不同意"，3表示"中等同意"，4表示"较同意"，5表示"非常同意"。应用的统计分析软件为SPSS与AMOS。时间压力取自Parker和DeCotiis（1983）开发的时间压力测量量表，促进性焦虑取自Parker和DeCotiis（1983）编制的焦虑感受测量量表，决策权力取自Karasek（1979）构建的决策权力测量量表，沉浸体验取自Jackson和Marsh（1996）设计的沉浸体验状态量表。因为以特殊的中国工作场所为研究情境，所以本节对问卷进了预试，通过讨论与调整，最终形成新的问卷。其中，时间压力问卷包括5个题项，为单维构念，Cronbach's α为0.881。促进性焦虑问卷包括4个题项，为单维构念，Cronbach's α为0.800。决策权力问卷仍然包括4个题项，为单维构念，Cronbach's α为0.756。沉浸体验问卷包括12个题项，为多维构念，Cronbach's α为0.836。

3.3.4　研究结果

（1）沉浸体验的概念结构分析

① 沉浸体验的探索性因子分析

本节将沉浸体验的347组数据间隔抽取，分成两部分：第一部分包括173组数据；第二部分包括174组数据。其中，选用第一部分的173组数据进行探索性因子分析。KMO值为0.811，Bartlett球形检验的近似卡方值为834.633，df为66，达到显著性水平（P < 0.001），适合进行因子分析。采用主成分分析法，对因子矩阵进行正交旋转，抽取特征值大于1的主成分作为因子，一共得到3个因子，累计解释变量63.565%。探索性因子分析的结果与Jackson和Marsh（1996）的研究结论不同，主要原因是本节以中国转型经济为讨论情境，而Jackson和Marsh（1996）是在西方经济发达国家的背景下进行分析。由于本节恰好得到3个因子，综合考虑沉浸体验的各种结构模型以及各题项的意义，选择采用Hoffman和Novak（1996）的命名方法，将因子1、因子2与因子3分别命名为沉浸体验的前提、经验与结果。探索性因子分析的结果如表3-2所示。

表3-2　　　　　　　　沉浸体验的探索性因子分析结果

沉浸体验问卷	因子载荷	解释变量	累计解释变量
因子1：沉浸体验前提			
3：在完成具有挑战性的工作过程中，我觉得我做得很好	0.846	23.463%	23.463%
1：我觉得我的技能和工作挑战相平衡	0.747		
22：我意识到我在工作中做得很好	0.736		
36：我觉得这种挑战与技能平衡的体验是非常有益的	0.687		
因子2：沉浸体验经验			
29：在表现自己的同时，我知道自己确实做得也很好	0.820	23.228%	46.690%
30：在工作中，我有完全能控制的感觉	0.797		
28：在工作时，我知我想达到的目的	0.772		
32：在工作中，我能清楚地定义目标	0.681		
因子3：沉浸体验结果			
34：在工作中，我不会去担心其他人	0.777	16.875%	63.565%
13：我只关注我的工作，而不是担心我在活动中表现如何	0.733		
20：我自然而然地就完成了工作，不用特意去想	0.622		
26：在工作时，我觉得时间都停止了	0.533		

② 沉浸体验的验证性因子分析

根据吴明隆（2010）的推荐，χ^2/df 介于 1～3 之间表示模型拟合良好，GFI、IFI、TLI 与 CFI 的理想值应该在0.9以上，RMSEA 小于0.08是合理的。对于沉浸体验，本节选用第二部分的174组数据进行验证性因子分析，拟合指标显示χ^2/df为1.656，GFI、IFI、TLI、CFI与RMSEA分别为0.943、0.950、0.929、0.949与0.069，模型拟合效果良好。值得注意的是，不同因子所属个别题项的意义出现了重叠情况，主要是由于在3个阶段的转化过程中发生了一定程度的粘连，因为它们都是个体全身心进入活动中的一种快乐状态（Csikszentmihalyi，1975），但这并不影响3个阶段的明确界定。从题项的意义来看，沉浸体验的前提阶段主要是挑战-技能平衡与动作-意识融合，经验阶段主要是清楚的目标与潜在的控制感，结果阶段主要是专注任务、明确的反馈、时间感扭曲与失去自我意识。

（2）主要变量的结构效度分析

时间压力、促进性焦虑、决策权力与沉浸体验的结构效度分析如表3-3所示。可以看到，各变量具有良好的结构效度。

表3-3　　　　　　　　　　　　主要变量的结构效度分析结果

变量	χ^2/df	GFI	IFI	TLI	CFI	RMSEA
时间压力	1.467	0.993	0.998	0.995	0.998	0.037
促进性焦虑	1.388	0.996	0.998	0.994	0.998	0.033
决策权力	2.021	0.994	0.995	0.984	0.995	0.054
沉浸体验	1.656	0.943	0.950	0.929	0.949	0.069

（3）变量的描述性统计

各变量的均值、标准差与相关系数均显示在表3-4中。可以看到，这些相关性与理论假设的关系相一致。

（4）直接影响与中介作用的结构方程模型

为了验证假设，本节设立了基准模型，即完全中介作用，路径是"时间压力→促进性焦虑→沉浸体验前提→沉浸体验经验→沉浸体验结果"。需要特别指出的是，这个模型并不包括从时间压力到沉浸体验的直接路径。基准模型的拟合指标显示，χ^2/df为3.036，GFI、IFI、TLI、

表3-4　　变量的描述性统计结果 (N=347)

变量	1	2	3	4	5	6	7	8	9	10	11
1.性别	1										
2.年龄	-0.136*	1									
3.文化程度	0.032	0.068	1								
4.工作年限	-0.072	0.903**	0.052	1							
5.岗位属性	-0198**	0.412**	0.122*	0.375**	1						
6.时间压力	-0.130*	0.093	-0.025	0.142**	-0.011	1					
7.焦虑	-0.018	0.003	-0.065	0.052	-0.139**	0.687**	1				
8.决策权力	-0.138*	-0.051	-0.064	-0.059	0.039	0.082	0.086	1			
9.沉浸体验前提	-0.039	0.098	-0.053	0.144**	-0.047	0.319**	0.344**	0.327**	1		
10.沉浸体验经验	0.014	0.059	-0.009	0.104	0.030	0.272**	0.220**	0.333**	0.652**	1	
11.沉浸体验结果	-0.105	0.050	-0.038	0.079	-0.150**	0.376**	0.389**	0.315**	0.605**	0.434**	1
均值	1.480	2.860	1.380	2.410	1.320	3.072	3.020	3.197	3.428	3.535	2.995
标准差	0.500	1.461	0.832	1.534	0.532	0.998	0.932	0.860	0.771	0.835	0.837

注：* P<0.05，** P<0.01（双尾检验）。

CFI 与 RMSEA 分别为 0.860、0.887、0.871、0.887 与 0.077，拟合效果不理想。根据修正指标的提示，本节对基准模型进行了修正，最终结果显示，χ^2/df 为 2.228，GFI、IFI、TLI、CFI 与 RMSEA 分别为 0.901、0.936、0.922、0.936 与 0.060，模型拟合效果良好。由此可见，促进性焦虑在时间压力与沉浸体验之间具有部分中介作用，即时间压力一方面通过促进性焦虑影响沉浸体验前提和结果；另一方面，时间压力对沉浸体验也有直接影响。因此，假设 1 与假设 2 都得到了支持。

（5）调节作用的回归分析

本节设立了 3 组回归模型，即 M1、M2 与 M3，因变量分别是沉浸体验的前提、经验与结果。在每组模型中，又各设立了 4 个子模型。具体来看，$M1_a$、$M2_a$ 与 $M3_a$ 表示沉浸体验对时间压力与决策权力的回归，$M1_b$、$M2_b$ 与 $M3_b$ 表示促进性焦虑对时间压力与决策权力的回归，$M1_c$、$M2_c$ 与 $M3_c$ 表示沉浸体验对时间压力、促进性焦虑与决策权力的回归，$M1_d$、$M2_d$ 与 $M3_d$ 表示沉浸体验对时间压力、促进性焦虑、决策权力、促进性焦虑与决策权力中心化后的乘积项的回归。表 3-5 显示了回归分析的结果。在 M3 中，时间压力、促进性焦虑与乘积项的回归系数都是显著的。也就是说，促进性焦虑在时间压力与沉浸体验结果之间的中介作用受到了调节变量决策权力的影响，即这种调节作用集中体现在沉浸体验的结果阶段。因此，假设 3 得到了部分证明。

3.3.5　结论与启示

（1）研究结论

① 在中国处于转型经济的情境下，工作场所的沉浸体验具有特殊的三阶段内部因果结构，即沉浸体验的前提、经验与结果。本节的结论与西方学者的观点不同，主要原因是存在情境差异。一方面，中国具有独特的政治、经济与文化等特征，这些特殊性必然影响到组织治理模式，进而影响到员工的态度与行为；另一方面，本节是基于工作场所进行分析，而非音乐、教育、运动与游戏等场所。因此，沉浸体验受情境因素的影响而形成了独特的内部结构。本节发现，在中国转型经济的情境下，工作场所沉浸体验的前提阶段强调外部的影响，经验阶段侧重个

表3-5　决策权力调节作用的回归分析结果

变量	M1				M2				M3			
	$M1_a$	$M1_b$	$M1_c$	$M1_d$	$M2_a$	$M2_b$	$M2_c$	$M2_d$	$M3_a$	$M3_b$	$M3_c$	$M3_d$
时间压力	0.259***	0.669***	0.127	0.128	0.209***	0.669***	0.195**	0.204**	0.322***	0.669***	0.180**	0.159*
决策权力	0.270***	0.084*	0.253***	0.255***	0.287***	0.084*	0.285***	0.296***	0.244***	0.084*	0.227***	0.201***
促进性焦虑			0.198**	0.199**			0.020	0.023			0.213**	0.206**
乘积项				−0.009				−0.065				0.151**

注：*P < 0.05，**P < 0.01，***P < 0.001（双尾检验）。

体的动机，结果阶段聚焦于个体的行为，从而形成一条符合逻辑的因果链条。这虽然与西方学者的观点有分歧，但本节的发现，进一步验证了沉浸体验三阶段模型在中国情境下的科学性与合理性。

② 促进性焦虑在时间压力与沉浸体验之间具有正向的部分中介作用。第一，时间压力会对个体的沉浸体验产生直接影响，但集中区域位于经验阶段。造成这一现象的原因，一方面在于前提阶段需要较多的外部力量干预，而经验与结果阶段则主要依靠个体的自我适应；另一方面在于不同员工个体对时间压力的感知有差异，从而在"时间压力→促进性焦虑→沉浸体验"的影响路径上呈现出不同的表征。第二，时间压力会造成个体的促进性焦虑倍增，但并未就此结束，随着促进性焦虑水平的提高，会使得员工自我调整，进而进入沉浸体验状态。需要注意的是，这种影响路径分为两种情况：一种是从促进性焦虑依次进入沉浸体验的前提、经验与结果阶段；另一种是从促进性焦虑直接进入沉浸体验的经验阶段，而略过了前提阶段。

③ 在时间压力的影响下，决策权力对促进性焦虑与沉浸体验之间的关系具有部分调节作用。具体地说，这种调节作用主要集中体现在沉浸体验的结果阶段。作为沉浸体验最终状态的结果阶段，与前两阶段的最大不同之处在于：此阶段更强调个体的行动，而决策权力的介入恰能增强个体行动的自主性与能动性。与此同时，本节还发现，时间压力作为一种问题，焦虑作为一种情绪，决策权力恰能调节二者与沉浸体验之间的关系。由此可以看出，以决策权力作为个体实现沉浸体验的应对策略，既可以以问题的缓解为中心，也可以以情绪的调整为中心，从而具有"双中心"的特点。

（2）贡献与启示

① 为激励员工提供新方法。由于中国本土沉浸体验具有独特的内部因果结构，从而要求管理者在激励员工时应明晰沉浸体验的前提、经验与结果阶段。无独有偶，沉浸体验3个阶段所代表的外部刺激、内部动机与个体行为恰好也是激励过程的3个环节。具体地说，沉浸体验的前提阶段强调挑战-技能平衡与动作-意识融合，这就需要企业管理者对员工施加积极的外部影响。例如，组织应对每个工作岗位都进行科学

的分析，对每个员工都要进行有效的培训开发与企业文化教育等。经验阶段侧重清楚的目标与潜在的控制感，属于个体的动机层面，这就需要员工自身不断改善认知，挖掘优势并形成目标导向，进而在潜意识的控制下向沉浸体验的结果阶段发展。例如，员工应加强自身的学习意识，改善心智模式，努力使自己成为"学习型员工"[①]。结果阶段聚焦于专注任务、明确的反馈、时间感扭曲与失去自我意识，归结到个体的行为层面，就是需要员工具备自行适应与不断升华的能力。在结果阶段，虽然发生变化的主体是员工，但是，对于企业的管理者而言，此时尤其需要做好帮助员工对沉浸体验的结果进行反馈、强化与总结等方面的工作。例如，通过召开心得体会交流会等形式扩大和巩固已取得的成果。

② 为实施压力管理提供新思路。在市场竞争中，企业为了取得先发优势而不得不经常"走在时间前面"。但在现实中，时间是稀缺资源，时间压力的增加，势必引起员工承受更多的工作压力。因此，与过去相比，企业对工作压力的管理理念与方法应该提升到更高、更新和更有效的层面。在实践中，员工的焦虑问题虽然已经引起了管理者的普遍注意，但对焦虑的认识大多局限于它的消极表现（例如头痛失眠、紧张烦躁和优柔寡断等）与负面结果（例如缺勤离职、工作事故和业绩下降等）。也就是说，仅将焦虑理解成阻碍性焦虑。这种片面认识导致企业中的常见做法是利用各种手段去减少或消除焦虑，例如领导谈话、制度规定与简单加薪等。此类"封堵"的措施尽管会暂时缓解焦虑的负面作用，但也容易使矛盾暂时潜藏，而后产生更大反弹。这也就是说，员工的焦虑消极症状虽然在表面上被抑制住了，但经过一段时间后，由于外部环境、组织体制与个人习惯等因素的作用，焦虑可能再次出现，并造成比过去更消极的影响。更为不利的情况是，企业对焦虑的刚性应对与员工的阻碍性焦虑表现形成持续的恶性循环，这将给组织的生存发展与员工的身心健康造成双重危害。因此，本节关于促进性焦虑在时间压力与沉浸体验之间具有正向部分中介作用的发现，为企业实施科学的压力

① 学习型员工（Learning Worker）就是具备"学习能力"的员工，这种学习能力不是单纯的读书能力，而是学习行为全过程和学习与工作相联系过程中的全面的学习能力。

管理提供了新思路。当员工处于促进性焦虑状态时，组织应采取适当的干预措施把员工的促进性焦虑的积极作用调动起来，促使员工进入更高层次的沉浸体验状态。当然，对于阻碍性焦虑作用机理的探索，则是后续研究中需要关注的一个重点。

③ 为授权员工提供新依据。有些员工在时间压力的影响下可以直接进入沉浸体验状态，特别是经验阶段。出现这种现象，一方面是由于个体之间存在差异；另一方面是因为经验阶段主要依赖员工动机的内在驱动。例如，有些员工的心理素质与知识技能水平相对较高，可以越过促进性焦虑且不依靠决策权力的干预而直接产生经验。然而，有些员工则需要管理者施加决策权力的调节作用，即对员工进行某种程度的授权，增加个体在与任务相关决策中的自主程度。决策权力实际上是一种资源，根据人性假设的 Y 理论，通过在组织内分享资源，能够增强员工的归属感，并且更易于满足个体实现自我价值的需要。在时间压力的作用下，通过决策权力的调节可以促使员工由促进性焦虑状态向沉浸体验状态转变。因此，本节关于在时间压力的影响下，决策权力对促进性焦虑与沉浸体验之间的关系具有部分调节作用的新发现，为企业对员工授权提供了理论依据。企业可以采用目标管理等方法，明确目标并规定时限后，给予员工充分的决策权力，提高其对企业经营的参与度。员工的较高参与度，能使组织在动态环境下取得成本、质量、创新和速度上的优势（程德俊，2005）。但是，需要注意的是，由于空间并存与时间继起的缘故，企业在对员工授予决策权力的过程中，依然要有机结合沉浸体验的 3 个阶段，即包括前提、经验与结果在内的全过程中，都应结合本企业的实际情况采取有针对性的授权措施。

3.4 工作需求对自觉体验的作用机理

3.4.1 问题提出

（1）研究背景与研究意义

经济的发展、市场的变化、工作节奏的加快，使得员工不可避免地产生了工作压力。如果不对员工的工作压力进行有效管理，必将影响组织的绩效和发展。因此，工作压力问题已经成为组织治理中的关注重点。根据国际劳工组织（ILO）的报告[①]，压力所造成的工作浪费已经占到一个国家 GNI 的 20%。据统计，就英国而言，因工作压力产生的损失占到其 GNP 的 1%，每年因压力而导致的疾病使英国损失大约 8 000万个工作日，成本达到 70 亿英镑。在日本，由于压大过大而导致猝死的人数每年超过 3 万。在美国，每年由于工作压力造成的代价在 2 000亿至 3 000 亿美元之间（Cartwright & Boyes，2000）。60% 以上的员工缺勤与工作压力相关。46% 的美国居民感觉他们的工作压力很大，34% 的美国人因压力过大而打算跳槽。工作压力不仅严重减弱员工的职业能力，而且影响到员工的心理状态与身体健康。据估计，50%~70% 的身体疾病都与压力有关。在中国，《财富》（中文版）于 2006 年曾对 1 576位中国员工做过相关调查，结果表明近 70% 的高管人员认为自己承受的工作压力比较大，其中约有 21% 的人感觉自己承受的压力特别大。

　　中国正处于全面推进国家治理体系和治理能力现代化时期，社会各层面的利益均衡被逐渐打破，企业的经营环境正发生改变，这些给组织带来了变化，同样也给员工带来了不小的压力。过高的消极工作压力会对社会、组织与个人造成严重的负面影响。但从另一方面考虑，工作压力也有促进工作投入、内心愉悦、组织承诺与沉浸体验等积极作用。Fullagar & Kelloway（2009）认为正向情绪与积极工作压力的结果沉浸体验之间具有显著的相关性，有过高度沉浸体验的人们也表达了更高的兴奋、卷入和幸福等状态。Csikszentmihaiyi（1990）指出自觉体验为沉浸体验的最终结果，是一种为了自己的渴求而做事情，并不是因为对将来奖励和好处的期望。所以，基于沉浸体验理论，采用实证分析方法，将 JDC 工作压力模型与自觉体验结合起来，研究工作需求与工作控制对自觉体验的影响，讨论工作压力的积极作用，帮助员工疏导压力，进行压力管理，将消极的工作压力转变为积极的工作压力，促进个人、企业

---

　　① 国际劳工组织是联合国的一个专门机构，其宗旨是促进充分就业和提高生活水平；促进劳资双方合作；扩大社会保障措施；保护工人生活与健康。其主要活动包括从事国际劳工立法、制定公约和建议书；提供援助和技术合作。该组织最高权力机构是国际劳工大会，每年开会一次。

和社会的和谐发展已经成为非常重要的命题。

　　经营环境的不确定性，对员工以往的工作惯例提出了挑战，致使员工感受到的不确定性增加，因而产生了工作压力。对员工工作压力的研究，已经成为管理学、组织行为学与心理学等领域探讨的热点之一。目前对工作压力的研究虽然不少，但大多聚焦在工作压力的界定（张祥俊和曹新锋，2007；Kanji & Chopra，2009）、工作压力源的研究（陈志霞和廖建桥，2005；吴清津、张秀娟和李洪西，2006；Amat Taap Manshor，Rodrigue Fontaine & Chong Siong Choy，2003）、工作压力模型的探究（Robbins，1997；Cooper & Williams，2002）。而关于工作压力变量的探讨一般将员工的工作压力看成是影响组织发展的消极因素，研究的大多是离职倾向、职业倦怠、满意度降低等问题（吴清津、张秀娟和李洪西，2006；袁少锋和高英，2007；Noblet，Rodwell & Mcwukkuans，2006）。

　　实际上，压力从开始形成到产生结果是一个周期性的过程。当人们面对困难时，身体会出现一系列反应，驱动身体突破原来的自我平衡进而导致外部变化。此时出现的压力有时带有积极影响，也能满足工作的要求。有人甚至喜欢在压力下工作，以便产生足够的注意力完成任务。虽然压力可能提高工作效率，但也会产生消极影响，例如身体疾病、决策失误、效率低下等。有时候，起初的压力会提高绩效；当压力持续增加，到达临界点时又会造成疲惫；如果压力继续增加，则会降低绩效。Selye（1976）指出，压力是身体对任何要求的非特异性反应，不论此种要求是由愉悦还是非愉悦的刺激引起的。Quick（1997）提出压力的倒 U 形曲线，将消极压力和积极压力作为连续体进行整合，认为在达到适当水平之前，压力的增加有助于表现的提升，但在超出适当点之后，随着压力的增加而表现恶化。消极反应与积极反应处于既相互独立又彼此联系的结构中，作为同一压力源的结果也许同时发生。由于大部分研究把工作压力看作消极构念，这些研究基本上探讨的是如何削弱这种不利因素，没有考虑到工作压力也会产生自觉体验等积极影响。因此，一味强调降低工作压力是片面的、不科学的，工作压力的积极效应也应成为研究的重点。因此，在组织治理情境下，从积极组织行为学的视角，基于沉浸体验理论，将 JDC 工作压力模型与自觉体验结合起来，探讨工作压力的积极作用，也就有了较高的研究价值。

本节的研究意义主要有以下几个方面：首先，将 JDC 工作压力模型与沉浸体验理论中的自觉体验相结合，讨论工作控制在工作需求与自觉体验间的中介作用，这会同时拓展 JDC 模型与沉浸体验两个理论。而目前学术界忽略了与此相关的研究，因此，本节在这方面具有一定的研究意义。其次，将沉浸体验理论引入人力资源管理领域。西方学者虽然在人力资源管理领域对沉浸体验进行过一些探讨，但研究的并不深刻。而国内目前的研究大多局限在教育、艺术等方面。另外，目前 JDC 模型和沉浸体验中自觉体验的相关研究，大多是在西方情境下探讨的，针对中国情境的不多。因此，本节经过实证研究，可能会得出与西方不同的研究结论。最后，从积极组织行为学的视角探讨工作压力的积极作用。以往的研究大多从消极的角度分析工作压力的不利影响，而本节从另一个角度拓展了工作压力的研究范围。另外，对工作需求、工作控制、自觉体验三者之间的关系进行了实证分析，采用问卷调查的方式收集相关数据，为后来的相关研究提供了一种参考。

（2）研究方法与创新之处

本节从实证分析的角度，以相关理论与具体数据为基础，从积极组织行为学的视角，基于沉浸体验理论，讨论 JDC 工作压力模型对自觉体验的影响，采用的研究方法主要有以下三种：第一，理论推导。本节通过对国内外相关文献的回顾，梳理出 JDC 工作压力模型与自觉体验的概念、结构、发展、相互关系等，并进行述评，在理论上推导出研究假设与概念模型。理论基础对于实证分析特别重要，全部的研究假设都应和理论体系相联系，必须具有理论相关性（Goode & Hatt，1952）。本节进行的是实证研究，因此理论推导是一种重要的研究方法。第二，问卷调查。问卷调查具有客观性、科学性与可重复性的特点，因此受到学术界的普遍认可与广泛使用。本节采用 Karasek（1979）开发的工作需求量表与工作控制量表、Jackson 和 Marsh（1996）开发的自觉体验量表（沉浸体验量表的一个维度）收集信息，发放涉及多个地区与行业，为统计分析提供全面、有力的数据支撑，进而使本节的研究结论更具说服力。第三，统计分析。本节采用SPSS等统计分析软件对问卷调查收集到的数据进行处理，进而检验研究假设是否成立。具体的分析方法主要有描述性统计分析、因子分析、方差分析、相关分析与回归分析等，通过这些数理方法的使用，弥补理论推导可能存在的不足，以期得到真实、有效的研究结果，使本节提出的相关建议更具参考价值。

本节的创新之处如下：

第一，将JDC工作压力模型与沉浸体验理论结合起来，分析JDC模型对沉浸体验中自觉体验的影响，但目前学术界忽略了这方面的研究。本节探索性地提出了工作需求与自觉体验、工作需求与工作控制、工作控制与自觉体验、工作控制和工作需求与自觉体验之间的数量关系。这些数量关系是：自觉体验=2.081+0.356×角色冲突+0.102×时间压力；工作控制=1.645+0.245×角色冲突+0.248×时间压力；自觉体验=2.130+0.339×技能多样性+0.133×决策权力；自觉体验=1.555+0.265×角色冲突+0.204×技能多样性+0.124×决策权力。分析这些数量关系，有助于决策者确定影响自觉体验的因素的相对重要性并采取相应策略。

第二，将沉浸体验理论引入人力资源管理的理论研究。目前，国外的相关研究较少，而国内的研究基本局限在教育、体育与艺术等方面，本节将沉浸体验理论引入中国情境下的人力资源管理研究，这种探索具有较大的创新意义。而且，本节提出了管理者需要综合工作需求与工作控制两个方面进行工作压力管理，管理者不应只关注消极压力，更要重视自觉体验等积极工作压力的观点。本节认为，与传统的人力资源管理相比，当代组织的人力资源管理已上升到战略层面，而作为其中重要内容的工作压力管理，对于人力资源规划、培训开发、职业发展、劳动关系与绩效提升等都起到越来越重要的作用。组织可以通过开展专业、有效、持续的培训开发，实施公平、透明、恰当的激励机制，营造积极、团结、卓越的组织文化等途径把工作压力管理落到实处。

第三，从积极组织行为学的视角探讨工作压力的积极作用。以往关于工作压力的研究大多从消极方面分析，而本节提供了一种新的研究思路，扩展了工作压力的研究范围。而且，本节提出了员工应该提高自身的综合素质以有效应对工作压力的观点，在社会大力提倡建立学习型组织的大环境下，员工通过主动学习、积极调整、增加技能多样性等途径，能有效地协调时间压力与角色冲突，使挑战与技能处于恰当的平衡位置，不仅有助于消极压力的减弱甚至消失，更有助于自觉体验的出现。

3.4.2　文献述评

（1）JDC模型的相关研究回顾

① JDC模型的相关概念

第一，JDC工作压力模型。Karasek（1979）提出了工作需求-控制（Job Demand-Control，JDC）模型。该模型认为心理压力并不是仅由工作环境这一因素造成的，而是由工作的要求和员工面对这些要求的决策自由程度一起决定的，也就是工作需求和工作控制共同对工作压力造成影响（Häusser et al.，2010）。工作需求与工作控制共同制约了结果行为的选择，二者一起作用才产生了行为结果。工作控制则是一种制约，这种制约把压力调节并转移成行动的力量。假如工作控制相对较低，个体没有可采取的行动，或必须放弃别的期望，那么没释放的力量也许从内部表现成精神压力（Karasek，1979），即当工作控制被工作需求超过时，产生压力。

Karasek（1979）以图示的形式对JDC工作压力模型进行了仔细研究，如图3-2所示。该模型分析了工作需求与工作控制不同组合所导致的四种工作类型。其中的两条对角线代表了两种交互作用：首先，工作需求与工作控制不匹配（A）；其次，工作需求与工作控制匹配（B）。

工作需求与工作控制不匹配的情况也分为两种：第一，当工作需求高于工作控制时，相对就比较容易导致压力，也就是低工作控制与高工作需求会产生高工作压力；第二，低工作需求与高工作控制则产生低工作压力，工作需求与工作控制都相对较高时才会促使员工积极工作（Karasek，1979）。当工作需求与工作控制匹配，具体情境的需求与解决问题的控制平衡时，个体的胜任力就能提高（Karasek，1979）。当工作需求和工作控制处于双低或双高两种情境下，匹配才会产生。当工作需求与工作控制都相对较高时，则会出现积极的工作状态，而且可认为此种工作能够发展成新的行为模式（Csikszentmihaiyi，1975）。当工作需求和工作控制都相对较低时，问题解决活动与整体活动都会减弱（Suomi & Harlow，1972）。

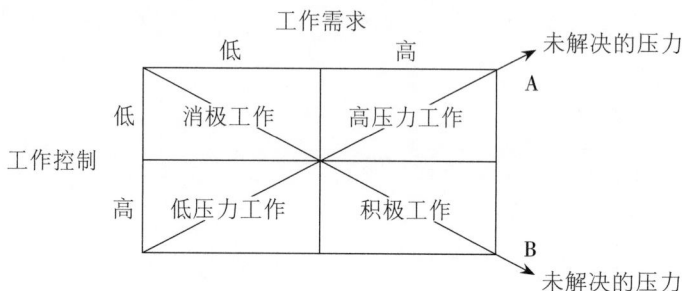

图3-2　JDC工作压力模型

资料来源　Karasek R. Job demands, job decision latitude, and mental strain: Implications for job redesign [J]. Administrative Science Quarterly, 1979, 24（2）: 285-308.

第二，工作需求与工作控制。工作需求（Job Demand，JD）指工作情境的要求，主要表现为定量的方面，一般以时间压力与角色冲突来测量（Karasek，1985；van der Doef & Maes，1999）。角色冲突指一个人所担任的不同角色之间发生的冲突，主要表现为空间、时间上的冲突与行为模式内容上的冲突。时间压力指任务太多而时间太少的感觉，会大幅降低工作效率。工作控制（Job Control，JC），指个体控制工作与任务的能力（van der Doef & Maes，1999；Häusser et al.，2010）。可以将工作控制分为技能多样性与决策权力两个维度。技能多样性是在工作过程中个体使用特殊工作技能的机会。决策权力是个体在工作相关决策中的自主程度，例如对时间和方法的控制（Häusser et al.，2010）。

②JDC工作压力模型的研究发展

Karasek（1979）首次提出了JDC工作压力模型。之后，许多学者在此基础上进行了深入研究，考虑到更多的变量。例如，工作需求-控制-支持（Job Demand-Control-Support，JDCS）模型（Johnson & Hall，1988）与工作需求-资源（Job Demand-Resource，JDR）模型（Demerouti，Bakker & Nachreiner，2000）。然而，JDC模型的应用相对还是最为普遍。

　　第一，JDC模型。在众多学者因为工作需求对工作压力预测结果不一致而存在争议的情况下，Karasek（1979）提出把工作控制从工作需求中分离出来，构建了JDC工作压力模型。Karasek认为，学术界还没有把工作压力源和工作决策自主权相区分，把全部工作特征认作是工作需求，而且忽略了相异工作特征对心理产生的不同作用。对工作负荷压力源和工作决策自主权不加区别，而笼统地将其理解成工作需求，会产生工作需求对工作压力预测结果的不一致。有研究表明，时间压力需求与压力症状相关，但智力需求和压力症状不相关（Ritti，1971）。所以，工作环境并非导致工作压力的单一因素，而是靠工作需求与工作控制协同影响（Häusser et al.，2010）。

　　许多学者专门研究了工作需求与工作控制的测量方法。Karasek（1985）开发了著名的工作内容量表（Job Content Questionnaire，JCQ），其中包括对与工作相关的身体需求、心理需求与社会支持等的测量和评价。Karasek et al.（1988）对该量表进行了大规模的跨国检验，涉及4个国家的10 288位男性和6 313位女性，研究结果表明绝大部分量表的信度与效度都较高，且跨文化差异和跨职业差异不大，证明了JCQ量表的科学性与普适性。该量表也成为JDC领域实证研究的坚实基础，受到大量学者的关注与使用。与此同时，也有学者指出随着技术环境的变化，工作内容也应与时俱进，所以需要新的量表来测量工作内容。Jackson et al.（1993）认为目前对工作压力的测量方法难以满足新兴制造技术的发展，因此需要新方法来测量工作性质，他们对时间控制、方法控制、监控需要、问题解决需要和产能反应的问卷进行了开发。Wall、Jackson和Mullarkey（1995）对该量表进行了深入检验，他们应用5个独立样本的近1 700位员工的数据，为该测量方法提供了证据。

　　关于JDC模型的预测效果，在应用心理学领域的研究较多，其结果变量大多集中于员工的身心健康上，针对管理学领域的倦怠、缺勤、满意度、离职倾向等结果变量的研究相对不多。Karasek（1990）根据瑞典8 504位全职白领员工的问卷调查数据，对工作控制增加与健康状况的关系进行了研究，结果显示随着工作控制程度的增加，白领员工的健康风险不断降低。Fox et al.（1993）指出工作需求与血压、皮质醇水平相关，而且高工作需求与低工作控制造成的身心损害可能导致长期的健康问题。Barnett 和 Brennan（1995）以 504 名全职员工为样本进行实证研究，证实了 Karasek 的理论，发现工作需求和工作控制与心理压力相关。Mullarkey et al.（1997）就 JDC 模型对自动生产线上员工心理健康的影响进行了实证研究。Xie et al.（2000）指出工作控制、工作需求与自我效能的交互作用，共同影响员工的心理健康和免疫系统健康。

由于 JDC 工作压力模型的重要性，其受到越来越多的关注，并逐渐成为组织管理领域的讨论热点。而且，JDC 工作压力模型对员工行为的预测成为研究的重点。大量学者在 JDC 模型与工作压力、缺勤、工作倦怠、绩效、满意度、幸福感等变量的关系上进行了许多研究。例如，Elovainio et al.（2001）应用 JDC 模型对组织公正对职业压力的影响过程进行研究，他们假设组织公正是工作控制与压力之间的调节变量或中介变革，通过对 688 位员工的问卷调查获得相关数据，最后证明出组织公正为工作控制和压力的中介变量。Bond 和 Bunce（2003）研究了工作控制与满意度、绩效之间的关系，结果表明只有在员工的心理接受程度相对较高时，工作控制的优势才会表现出来。Wong et al.（2007）研究了 JDC 模型对角色压力的影响，其结果有力支持了 JDC 工作压力模型的基本假设。当相互依存程度清楚时，高工作控制会减弱角色模糊；当相互依存程度不清楚且数量较少时，高工作控制会导致较低的角色模糊；当相互依存程度清楚，且数量较多时，高工作控制不会减弱角色模糊。这表明任务相互依存的程度不同，工作控制降低角色压力的缓冲作用也不一样。

第二，JDCS 模型。虽然 JDC 工作压力模型的研究与应用比较普遍，但因为没有社会心理工作特征这一重要变量而遭受批判（Johnson & Hall，1988）。所以，Johnson 和 Hall 对 JDC 工作压力模型进行了修正，增添了与工作相关的社会支持，提出了工作需求–控制–支持（Job Demand-Control-Support，JDCS）模型。在 JDCS 模型里，与工作相关的社会支持分为孤立的与集体的两种情况，并由此对工作压力的产生过程重新定义。Johnson 和 Hall 发现 JDC 模型中工作控制对工作需求的修正作用只有当社会支持出现时才会成立。假如员工的社交机会很少，高工作需求与高工作控制的组合也会加大工作压力，从而导致健康问题，也就是说工作压力也会出现在积极但孤立的员工身上，进而造成消极影响。同样，虽然不存在工作需求的问题，但低工作控制与低社会支持的组合也会造成员工生病。Karasek 和 Theorell（1990）认为工作社会支持也许有利于高工作压力的缓解，防止或减弱此种工作产生的消极影响。许多学者对 JDCS 模型与工作压力、心理健康、组织承诺、幸福感与工作满意度等结果变量的关系进行了研究。例如，Searle et al.（1999）以信件分类为例研究了工作需求、工作控制与社会支持对职业压力的影响。Shirom et al.（2008）对 JDCS 模型与压力相关的低度炎症关系进行了纵向研究。Baba et al.（2009）在中国、日本、阿根廷和加勒比海地区对比检验了工作需求、工作控制和主管支持对护士压力的影响，结果证明所有地区的 JDCS 都是工作压力的重要影响变量。Logan 和 Ganster（2005）通过在汽车运输公司中实施工作控制干预实验，验证了主管支持与工作控制干预一起提升了工作满意度，但对幸福感没有影响。

第三，JDR 模型。Hobfoll（1989）提出了工作需求–资源（Job Demand-Resource，JDR）模型。工作资源指与工作的物质、心理、组织、社会等方面相关的因素：首先，有助于实现工作目标；其次，有助于减少心理或生理方面的工作需求；最后，有助于个体的成长与发展（Demerouti et al.，2001）。组织资源分为潜在资格、工作控制、任务多样性、参与决策制定几个方面；社会资源指来自家人、同事或团队的帮助与支持。Richter 和 Hancker（1998）把资源分为外部资源（社会与组织）和内部资源（认知特征与行为方式）两大类别。在对 JDR 模型的探索中，大量研究的关注点在外部资源，由于哪些内部资源是稳定的或是情境依赖性的，以及哪些内部资源能够被适当的工作设计所改变，这些问题在学术界都存在分歧（Demerouti et al.，2001）。在 Demerouti et al.（2001）的研究中，工作控制与主管支持都成为测量工作资源的维度。由此可见，JDR 模型并没有脱离 JDCS 模型，实际上它是将控制与支持合并为工作资源进行统一研究。

此外，国内对 JDC 工作压力模型的应用和拓展研究近年才受到重视，部分国内学者进行过一些有价值的探讨。史茜、舒晓兵和罗玉越

（2010）与舒晓兵和孙健敏（2010）对JDC（S）的相关理论和研究进行了梳理。有学者应用自我效能对JDC模型进行拓展研究（赵西萍、赵欣和黄越，2008；赵欣和赵西萍，2010），有学者探讨了JDC模型中工作控制对工作压力的调解效应（赵西萍和赵欣，2009），也有学者对JDC模型在高校人员管理中的应用进行分析（杜健梅和廖建桥，2003；赵凌燕，2010），还有学者对JDC模型与职业倦怠的关系进行了研究（郑丽梅和张凤军，2009）。

③ JDC工作压力模型的相关研究述评

纵观国内外的相关文献，国外学者对JDC工作压力模型的研究更有广度与深度，研究焦点主要集中在结果变量的分析与讨论上。JDC工作压力模型的拓展与应用研究近几年才在国内受到重视。但是，目前的研究对工作压力的说明与解释还是不够，JDC工作压力模型总是因为忽略员工的个体特征影响而受到质疑。所以，个体特征差异对JDC工作压力模型的影响应成为分析的重点。然而，学术界对这方面的研究一直没有给予足够的重视。在一定程度上，这是因为人格、动机、价值观等个体特征相对很难改变，不易对管理实践提供具有可操作性的支持与帮助。

同时，目前的研究对JDC工作压力模型与JDCS工作压力模型不加区别，导致理论上的争议与模糊。另外，工作社会支持对工作压力是否存在预测效果仍然存在分歧。Karasek 和 Theorell（1990）认为工作社会支持也许有利于高工作压力的减缓，防止或减弱此种工作产生的消极影响。但是，Van der Doef 和 Maes（1999）通过回顾JDCS模型的相关研究后发现，虽然许多研究表明工作需求、工作控制与工作社会支持的测量方法，却仅有5篇论文确实检验了工作社会支持能否对高工作压力产生缓冲作用。而且，此5篇论文的研究结果还不一致，并且没有工作社会支持能够缓解工作压力的证明依据（Van Yperen & Hagedoorn，2003）。所以，本节关注的重点是JDC工作压力模型，工作社会支持变量不纳入本节中。

（2）沉浸体验理论的相关研究回顾

① 沉浸体验的相关概念

第一，沉浸体验的概念。Csikszentmihaiyi（1975）首次明确提出了沉浸体验（Flow Experience，亦叫流畅体验或心流体验）的概念。虽然不少学者就沉浸体验的某一特征进行过深入研究，因此对沉浸体验的定义有所不同，但Csikszentmihaiyi对沉浸体验的研究一直是该领域的基础与核心，其对沉浸体验概念的界定与内部维度的划分得到了学术界的普遍认同。

　　沉浸体验是挑战与技能平衡时人们完全投入活动中的一种愉悦状态，在此种状态下，会使人们产生无意识感，好像其他事情都显得不重要，而且特别享受这种感觉，驱使人们不惜一切代价去追求这种体验（Csikszentmihaiyi，1975；1990）。沉浸体验又被认为是一种行为紧跟着行为的状态，此种状态根据一定的内在逻辑性运转，并不需要特别的干预。当对这种状态的体验从一个瞬间转移到另一个瞬间时，人们可以感受到自己对行为的控制，不易区别环境和自己，刺激和反应，过去、现在和将来。Csikszentmihaiyi（1975）发现，技能与挑战（机遇）平衡时会使个体产生沉浸体验；当挑战（机遇）超过行为人的能力时，压力就会以焦虑的形式表现出来；当挑战（机遇）低于行为人的能力时，就会造成淡漠与厌烦，进一步会随着差距的加大而演变成焦虑，如图3-3所示。尽管挑战和技能是匹配的，但当挑战和技能处于较低水平时，沉浸体验也几乎不会出现；只有当挑战与技能都处于较高水平，且二者匹配时，才可能出现沉浸体验。

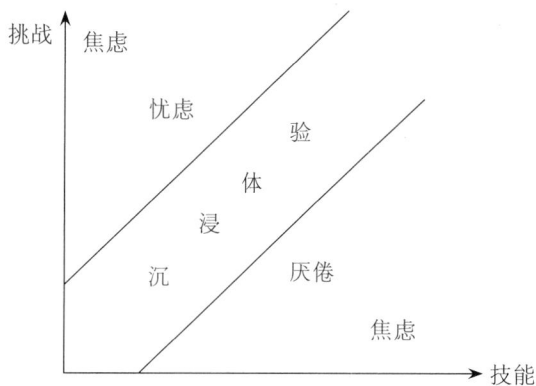

图3-3　沉浸体验模型

　　资料来源　Csikszentmihaiyi M. Play and intrinsic rewards ［J］. Journal of Humanistic Psychology，1975，15（3）：41-63.

　　根据研究重点的不同，一些学者对沉浸体验的概念进行了不同的界定，如表3-6所示。

表3-6　　　　　　　　**不同学者对沉浸体验的概念界定**

研究学者	概念界定
Csikszentmihalyi & Larson（1978）	沉浸体验是指个体关注眼前任务的一种状态，排斥外部或内部的刺激
Smith （1989）	沉浸体验具有内部满意、和谐、平静、享受的感受，在被某种活动完全吸引时会实现
Stein et al.（1995）	沉浸体验是一种心理状态，主要指个体的能力能够满足与情境相关的挑战时就会发生
Harvey et al.（1998）	沉浸体验在目标是行为或者经历本身时发生，而不是将来的奖励或优势
Levi & Kocher（1999）	沉浸体验来自需要一定技术、控制感、注意力、深层次卷入、迅速反馈等的活动
George & Jones（2000）	当人们经历沉浸体验时，经常会意识不到时间的流逝，而且在沉浸体验结束时因时间过得飞快而诧异。但有时候，沉浸体验只持续了很短时间，但经历者感觉已过了许久
Flecknoe（2001）	沉浸体验被认为是不需要努力的卷入，人们没有意识到日常生活中的挫折与忧愁，具有控制感，觉得自己如消失一般
Buettner & Fitzsimmons（2002）	沉浸体验是个体感知到的技能和挑战间的关系，以及此种关系在日常活动中的专注、享受与影响。当人处于与一项挑战、技能与兴趣匹配的活动中时，就会产生沉浸体验
Fredricks，Blumenfeld & Paris（2004）	沉浸体验指一种主观上完全投入的状态。在此种状态下，由于个体过于投入到某项活动中，因而失去在时间与空间上的意识

续表

研究学者	概念界定
Ungar，Dumond & Mcdonald（2005）	沉浸体验能够用行为与意识的融合来表现，而且沉浸体验与失去自我意识的感受有关
John（2006）	高挑战与高技能相匹配的积极学习环境有助于产生沉浸体验
Luthans，Youssef & Avolio（2007）	沉浸体验是一种不同于内部激励，也许是更深层次的体验。当人们经历沉浸体验时，完成工作本身就是奖赏的最终目标，而不是为了其他目标的达成（报酬增加、职位晋升、印象管理等），这会使人们全情投入到任务之中
McGinnis，Gentry & Gao（2008）	沉浸体验指人们经历生活中深层次的满足与愉快时的积极体验，或者人们处于一种意识协调有序的状态，而且不管在做何种事情，都渴望继续下去，来得到这种体验。在此过程中，个体的时间意识与自我意识会消失，人产生入迷
Atkinson（2009）	沉浸体验指个体处于一种很难自拔的境地，进入意识不存在或自我不存在的状态，而且与任务相关的行为与反应全部是自动与自发的
Parker，Bind & Strauss（2010）	将沉浸体验理解成个体将注意力集中于某项活动的状态，在这种状态下个体感到浸入，忘记时间、疲倦和其他任何事情，只关注于活动

目前，学术界存在多种沉浸体验的概念界定，但相对都没界定完善。不过可以发现的是，上述概念的界定大多是以 Csikszentmihaiyi（1975）对于沉浸体验的概念界定为基础衍生出来的。所以，本节继续采用Csikszentmihaiyi对于沉浸体验的定义，认为沉浸体验是挑战和技能平衡时人们完全投入活动中的一种愉悦状态，在此种状态下，会使人们

产生无意识感，其他事情都显得不重要，而且特别享受这种感觉，驱使人们不惜一切代价去追求这种体验。

第二，沉浸体验的维度结构。沉浸体验的概念虽然存在争议，但由 Jackson 和 Csikszentmihalyi（1990）指出的沉浸体验具有自觉体验、清楚的目标、挑战−技能平衡、专注任务、潜在的控制感、明确的反馈、行动−意识融合、时间感扭曲、失去自我意识 9 个维度构成已得到学术界的普遍认同与接受（Csikszentmihaiyi，1975，1990；Jackson & Marsh，1996；Quin，2005；Beard & Hoy，2010），见表 3−7。

表3−7 沉浸体验的9个维度

序号	维度名称	具体描述
1	挑战−技能平衡	对情境需求与个人技能之间平衡的感知
2	行动−意识融合	对工作投入太深，进而产生行为的自动性
3	清楚的目标	确切了解自己所做事情的感觉，知道工作的意义和结果
4	明确的反馈	得到及时且清晰的反馈，确定全部事情都按照预期执行，而且个体行为能够得到迅速与明确的监督
5	专注任务	特别专注的感觉，即彻底的与紧张的专注感
6	潜在的控制感	控制事件的力量，在沉浸体验中此种控制感并不是有意达成的
7	失去自我意识	自我消失，工作与个体合为一体，并缺少对自我的控制
8	时间感扭曲	时间变得更慢或更快，或者没有意识到时间在流逝
9	自觉体验	沉浸体验的最终结果，为了自己的渴望而工作，不是因为对后来奖励的期望，本质上存在收获感的体验

沉浸体验内部结构方面的研究大都建立在 Jackson 和 Csikszentmihalyi（1990）提出的 9 个维度基础上。Jackson 和 Marsh（1996）提出了沉浸体验的 9 因子结构模型，如图 3−4 所示。此模型发展了沉浸体验状态量表（Flow State Scale，FSS），用来测量体力与体育活动情境下的沉浸体验。FSS 量表是针对上面 9 个结构维度的测量，共包括 36 个题项，每 4 个题项测量 1 个维度。FSS 量表广泛应用于沉浸体

验在多个领域的研究，9个维度也被认为是沉浸体验变量的9个因子而被普遍接受与应用。

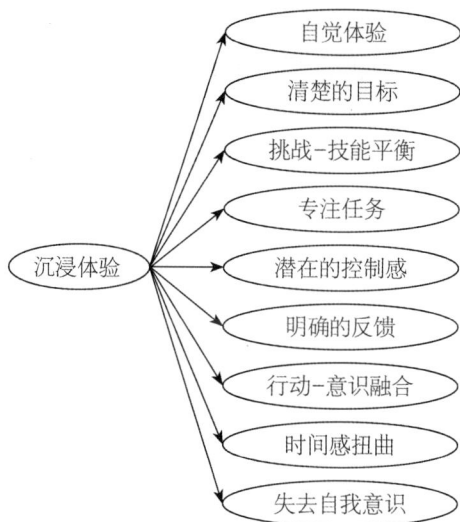

图3-4　Jackson-Marsh沉浸体验九因子结构模型

资料来源　Jackson S A, Marsh H W. Development and validation of a scale to measure optimal experience: The flow state scale ［J］. Journal of Sport and Exercise Psychology, 1996, 18（1）: 17-35.

Massimini 和 Carli（1985）通过对挑战与技能关系的分析，得到沉浸体验模型的8个维度，分别是1区，高挑战与中等技能：激发；2区，高挑战和高技能：心流；3区，中等挑战与高技能：掌控；4区，低挑战和高技能：厌倦；5区，低挑战与中等技能：轻松；6区，低挑战和低技能：淡漠；7区，中等挑战与低技能：担心；8区，高挑战和低技能：焦虑（如图3-5所示）。

② 自觉体验的概念界定

Csikszentmihaiyi（1990）将自觉体验（Autotelic Experience）描述成沉浸体验的最终结果，为了自己的渴求而做事情，并非由于对未来的奖励和好处的期望（Csikszentmihalyi, 1990, 1993; Tenenbaum, Fogarty & Jackson, 1999）。Beard 和 Hoy（2010）认为自觉体验是本质上有收获感的体验。本节采用的是 Csikszentmihaiyi（1990）所下的定义。

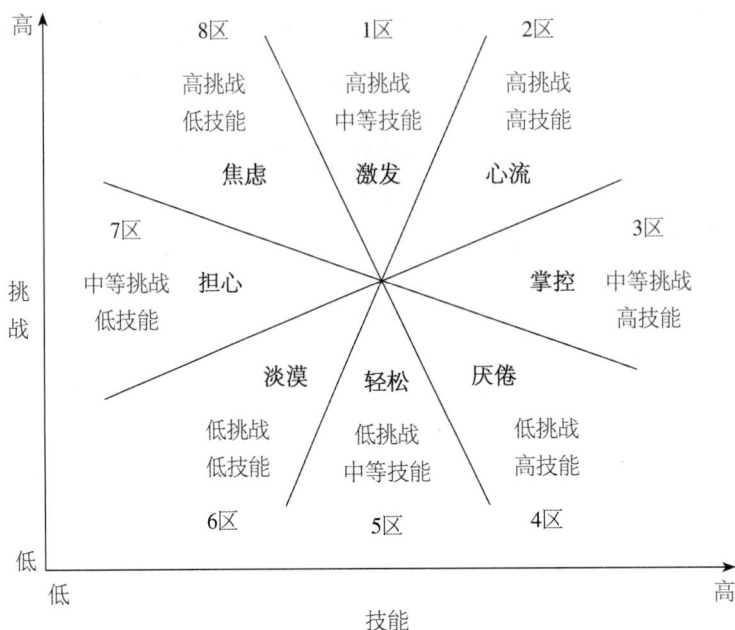

图3-5　八区间沉浸体验模型

资料来源　邓鹏. 心流：体验生命的潜能和乐趣［J］. 远程教育杂志，2006（3）：76.

事实上，自觉体验属于沉浸体验9个构成维度的其中之一，其余8个是清楚的目标、挑战-技能平衡、专注任务、潜在的控制感、明确的反馈、行动-意识融合、时间感扭曲与失去自我意识。Quinn（2005）对沉浸体验内部9个构成维度之间的关系进行过研究，他指出沉浸体验的9个维度之间存在特殊的结构关系，而不是相同因子对沉浸体验同等贡献的结构。在9个维度中，一些维度会对其他维度产生影响，从而形成因果关系模型，比如清楚的目标与挑战-技能平衡等结构要素易于影响其他维度。他发现沉浸体验内部是一种因果关系结构的全新思路，而9个构成要素被分成前因变量与结果变量。确切地说，Quinn推翻了Jackson 和 Csikszentmihalyi（1990）提出的沉浸体验9维度构成模型，他发现9个因子并不能解释沉浸体验，而行动-意识融合这一个维度就可以代替整个沉浸体验的意义，进而提出了沉浸体验9因子因果模型，并用行动-意识融合代替沉浸体验。但实际上，Quinn（2005）提出的沉浸体验9因子因果模型就是 Csikszentmihaiyi 提出的沉浸体验9个构成维度之间的具体结构模型。

随后，Beard 和 Hoy（2010）关注到沉浸体验内部结构的争议问题，对 Jackson 和 Marsh（1996）的沉浸体验9因子结构模型与 Quinn（2005）的沉浸体验内部因果关系模型进行了对比研究，研究结论是 Jackson-Marsh 模型相对更好。因此，本节仍然采用 Jackson 和 Marsh（1996）提出的沉浸体验9因子结构模型。本节之所以没有分析 JDC 模型对沉浸体验其余8个维度的影响，也是基于自觉体验的重要性，即沉浸体验的最终表现与结果（Csikszentmihaiyi，1990）。

③ 沉浸体验理论的研究发展

Csikszentmihaiyi（1975）在对工作内部回报的探索中首次提出了沉浸体验这一概念。从此之后，很多学者对该理论进行了研究，并在前因变量与结果变量两个方面扩展了这一理论，包括与积极参与、自我领导、内在激励、一致性、满意度，学习等变量间的关系研究。而且，在体育、音乐、游戏以及管理领域都应用到了沉浸体验理论。

在音乐方面，John（2006）检验了在教育情境下，年龄在4.3岁到5.9岁之间12名小歌唱者中的交互影响，以及此种交流对他们学习体验的影响途径。Freer（2009）以美国一所学校中的6名男同学为样本，研究他们在学校合唱时的经历，结果证明沉浸体验与他们的经历相关，找到教授方式与排练方法有效结合的教育者更易于激发出学生的沉浸体验。

在体育方面，Stein et al.（1995）发现在学习情境中，与对照组的焦虑、冷漠与厌烦相比，经历沉浸体验的学生会感受到更高的专注、满足、乐趣与控制感。在竞争情境下，与处于焦虑与冷漠状态的运动员相比，经历沉浸体验的选手具有更佳的体验。结果证明情境不同会影响运动员在形势积极性方面的感知。

在游戏方面，Barnett（1976）应用 Csikszentmihaiyi 的沉浸体验理论对游戏和内在奖励的关系进行了探讨。

在营销管理方面，沉浸体验主要应用于消费体验与服务接触的探究中。Carù 和 Cova（2003）应用沉浸体验理论研究了消费体验。

Holbrook（1999）在宏观市场营销理论研究中亦涉及沉浸体验理论。McGinnis、Gentry 和 Gao（2008）就持续涉入的两个前因变量的影响效应进行了比较研究，分析了在延伸服务接触中，个体对于持续涉入的建立是社会效应重要，还是心理效应重要。他们认为交流可以被看成社会效应，把沉浸体验当作个体心理效应，来检验究竟是哪个决定要素使个体对高尔夫的持续涉入影响更大。检验结果支持了自我决定理论的假设，因为存在意志控制，在建立持续涉入中，交流没有沉浸体验重要。

在组织理论方面，George 和 Jones（2000）与 Quinn（2005）都提议把沉浸体验概念归纳到组织理论的研究中。George 和 Jones（2000）根据沉浸体验的"时间感扭曲"这一要素探究时间理论，认为时间理论研究有助于梳理组织理论中的一些分歧。Quinn（2005）指出，组织研究领域的知识、绩效与社会网络等理论可以与沉浸体验结合起来研究。

在人力资源管理方面，许多学者就沉浸体验对投入、幸福、满意等积极行为具有正向的影响效应表示认同（Eisenberger et al.，2005；Nakamura & Csikszentmihalyi，2002；Intino et al.，2007；Fullagar & Kelloway，2009）。Intino et al.（2007）研究了自我领导理论，发现个体能够制造工作-生活状况，在此种状况下，他们可以体验到工作中的心理沉浸，进而产生满意与幸福，并减少工作-生活冲突。Fullagar 和 Kelloway（2009）认为正向情绪和沉浸体验之间具有显著的相关性，有过高度沉浸体验的人们也表达了更高的兴奋、卷入、幸福等状态。这与以前学者得到的沉浸体验和积极情绪、幸福感相关的研究结论相一致（Eisenberger et al.，2005；Nakamura & Csikszentmihalyi，2002）。

关于沉浸体验的研究在国内尚不多见，刘鲁川和孙凯（2011）研究了电子服务质量与沉浸体验对享乐型信息系统用户接受的影响。柴秋霞（2011）分析了数字游戏艺术中的沉浸体验。史少华和解继丽（2011）探讨了沉浸理论在 VB 公共课教学中的应用。陈洁、丛芳和康枫（2009）从沉浸体验视角对在线消费者购买行为影响因素进行了实证研究。袁庆华、胡炬波和王裕豪（2009）对中文版沉浸体验量表（FSS）

在中国大学生中的试用性进行了探讨。

④ 沉浸体验理论的相关研究述评

纵观国内外学者对沉浸体验理论的有关研究，可以看到，在沉浸体验的维度构成方面仍然存在分歧，尤其缺乏中国情境下沉浸体验结构的相关分析。中国对沉浸体验的研究仍处于回顾与描述阶段，研究积累相对匮乏，有较大的发展空间。然而，这些问题已经引起了国内学者的广泛关注。另外，沉浸体验理论产生于心理学领域，在体育与音乐等方面的研究和应用相对较多，但在组织管理方面，特别是人力资源管理领域的探究则不多见。沉浸体验理论在组织领域的研究主要聚焦在其与满意、兴奋、学习等结果变量间的关系上，多强调理论的应用。然而，就沉浸体验理论本身，学术界讨论的并不很多。在中国情境下，对沉浸体验进行相关研究，可能会得到与西方学者不同的研究结论。

（3）JDC 模型与自觉体验关系的相关研究回顾

目前，学术界还没有出现关于 JDC 模型对自觉体验影响的研究。但对于 JDC 工作压力模型与沉浸体验的结合，曾有学者做过相关探讨。Csikszentmihalyi（1975）认为，当挑战（机遇）超过行为人的技能时，压力就会以焦虑的形式表现出来；当挑战（机遇）与技能平衡时，沉浸体验就会产生；当技能高于挑战（机遇）时，会导致厌倦，进而随着差距的增大而发展成焦虑。这可以理解为，技能与挑战平衡时个体会产生沉浸体验，当不平衡时就会产生焦虑。沉浸体验与焦虑实际上是工作压力的两种截然相反的表现。这种"挑战-技能"关系的作用机制与 JDC 模型中的"工作需求-控制"平衡原理极为相似。在工作压力领域的研究中，挑战实际上体现为工作需求，技能本质上表现为工作控制。那么，在组织情境中，沉浸体验和焦虑则为工作需求与工作控制交互作用产生工作压力的两种相反的状态表现。另外，Larson（2006）就曾以放松、沉浸体验和焦虑作为压力结果，探讨过学生的"学习需求-能力"平衡与压力的关系。这实际上是学校场景下的"工作需求-控制"平衡与压力结果的研究。

JDC 模型作为重要的工作压力基础理论已得到众多学者的认可与推

广。Karasek（1979）在消极压力的基础上，讨论了怎样减少消极压力，但对于如何应用JDC模型，进而促进积极压力的产生则没有明确指出，学术界也少有后续研究。虽然当工作需求与工作控制双高时，会使员工积极工作，涉及了积极压力结果的问题，但对于积极压力的产生原因与具体作用机制却没有深入研究。Karasek（1979）认为消极压力既随工作需求的增加而增加，也随工作控制的降低而增加。本节基于Csikszentmihaiyi（1975）的沉浸体验理论，认为自觉体验是积极工作压力的一种重要表现形式，既与工作需求正相关，也和工作控制正相关，工作控制是工作需求与自觉体验间的中介变量，通过改变工作控制可以有效地影响积极压力结果即自觉体验的产生与发展。

Karasek（1979）指出当工作需求和工作控制双高时，这种工作被定义为积极的。Suomi和Harlow（1972）认为当工作需求与工作控制双低时，整体工作与问题解决活动会降低，这种工作被定义成消极的。目前很多研究都是建立在这些假设基础上的。现在对JDC模型的应用研究较多，但究竟在何种情况下的员工压力才处于最佳水平，却缺乏相关的探讨。是否只有当工作需求与工作控制双高时，员工的消极工作压力才会被清除；而当工作需求与工作控制双低时，是否员工就一定会消极工作。这些都是需要进一步深入研究的。根据Csikszentmihaiyi（1975）的沉浸体验理论，可以发现当技能与挑战平衡时，就会产生个体的沉浸体验，二者的匹配程度由个体的技能水平决定。当个体技能水平较高时，沉浸体验就在较高水平上匹配，即JDC模型中的双高情况；当个体技能水平较低时，沉浸体验就在较低水平上匹配，即JDC模型中的双低情况。这又得出一个结论，无论工作需求与工作控制处于双高状态还是双低水平，都会使员工产生自觉体验，而这种压力结果是积极的、有益的。有时，工作需求与工作控制双低的员工并非消极工作，而是能力较低的员工只有在较低的工作需求水平下才能得到自觉体验这种积极压力。因此，当工作需求与工作控制达到平衡时，积极工作压力就会产生，无论工作需求与工作控制是双高还是双低。

基于沉浸体验理论，可以看出工作需求与工作控制对自觉体验具有重要影响。但针对这方面的讨论并不多，而且多是理论上的研究，实证分析相对较少，而仅有的实证研究选取的样本大多是欧美企业背景下的员工，以中国组织的员工为研究对象的文献相对不足，中国情境下员工的自觉体验是否受到工作需求与工作控制的影响，以及这种影响关系的发展方向与大小程度，都需要做进一步的探索与研究。

3.4.3　实证研究

（1）研究假设与概念模型

JDC模型中的工作控制作为工作需求和工作压力之间的中介变量是有可能的。虽然控制能够在多个层面上进行界定，比如社会层面、政治层面与个体层面（Smith et al.，1997），但本节对工作控制的关注点是在个体或心理控制方面。学术界就个体控制的概念尚未达成一致，有学者指出个体拥有控制环境的天性（White，1959），也有学者发现个体对控制的渴望来自其能够产生积极结果（Rodin et al.，1980）。

本节赞同的观点为个体控制的目的是增加环境的益处或降低环境的威胁，即个体控制是个体对其所处环境施加影响的能力（Ganster，1989a；Smith et al.，1997）。个体控制可以分为主观（个体感知或经历的）控制与客观（外部评估的）控制（Smith et al.，1997），而本节强调的是个体主观控制，关注工作压力这一个体层面上的结果变量。有学者研究过工作控制对组织变革与工作压力关系的中介效应，组织变革会通过工作控制的降低，造成员工工作压力的增加（Kivimaki et al.，2000）。Bordia et al.（2004）以工作控制为中介变量对组织变革和工作压力的关系进行了实证研究。Martin、Jones和Callan（2005）认为，控制能力认知是个体对清除或减少压力能力的判断，是变革适应的关键。同时，员工个人特征差异也能对工作控制与工作压力的关系起到调节作用。Iverson（1996）发现具有积极性情感的员工更容易控制他们的环境。而自觉体验作为积极工作压力的一种重要表现形式，JDC模型中的工作需求与工作控制会对自觉体验产生重要影响。

McGregor（1957）提出了关于人性假设的Y理论，认为一般人本性并不厌恶工作，如果给予适当机会，人们喜欢工作，并渴望发挥其才能；多数人愿意对工作负责，寻求发挥能力的机会；惩罚并非使个体为实现组织目标而努力的唯一办法；激励在需要的各个层次上都起作用；想象力和创造力是人类广泛具有的。但是，传统组织行为学研究的大多是组织、团队、管理者与员工负面问题的解决，例如怎样更有效地处理组织冲突、如何引导并激励消极的员工、怎样消除员工对组织变革的抵制等。传统组织行为学的关注点在组织的负面行为方面，而忽视了对积极组织行为的肯定和促进。然而，Luthans（2002）提出了积极组织行为学的概念，弥补了传统组织行为学的不足。Luthans（2007）认为积极组织行为学是为提高工作绩效，对心智能力的测量、开发及有效管理，并以员工的积极活力作为导向的应用学科。积极组织行为学以积极心理学为基础，把组织中个体的积极特征、状态与行为当作研究对象，打破传统组织行为学聚焦在人类行为消极方面进行研究的倾向，它更强调人们自身有利于工作的优点与积极性等方面的行为研究，努力发掘正向组织行为，通过强化员工对实现特定任务的信念，进而在组织中建立员工积极乐观的结果导向氛围。

因此，本节基于沉浸体验理论，从积极组织行为学的视角，通过对相关文献的梳理与总结，结合研究目的，提出如下假设：

H1：工作需求对自觉体验具有显著的正向影响

H2：工作需求对工作控制具有显著的正向影响

H3：工作控制对自觉体验具有显著的正向影响

H4：工作控制对工作需求与自觉体验间的关系具有中介作用

概念模型如图3-6所示。

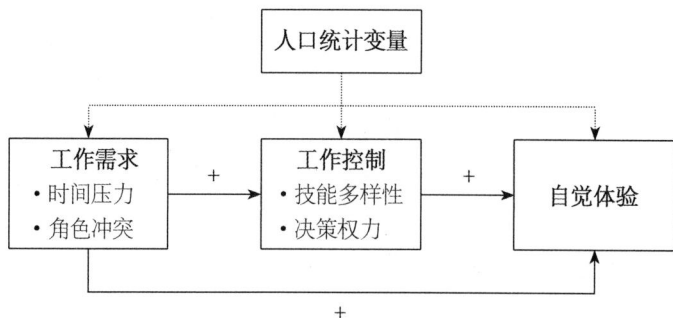

图3-6　JDC模型对自觉体验影响的假设模型

（2）变量测量和数据收集

① 变量测量

本节的问卷设计包括工作需求、工作控制与自觉体验3个量表：

第一，工作需求。采用 Karasek（1979）开发的工作需求量表，该量表包括7个题目，分为时间压力与角色冲突两个维度。量表应用 Likert 5点量表，1表示"非常不同意"，5代表"非常同意"。

第二，工作控制。使用 Karasek（1979）开发的工作控制量表，该量表包括8个题目，分为技能多样性和决策权力两个因子。量表应用 Likert 5点量表，1表示"非常不同意"，5表示"非常同意"。

第三，自觉体验。Jackson 和 Marsh（1996）开发的沉浸体验状态量表共包括36个题目，分为9个维度。其中4个题目反映的是自觉体验维度，本节选取的也是这4个题目。量表应用 Likert 5点量表，1表示"非常不同意"，5表示"非常同意"。

② 数据收集与统计分析

第一，样本选取与数据收集。为保证数据的广泛性、真实性与有效性，问卷发放对象涉及多个地区，遍布北京、天津、深圳、大连、沈阳、哈尔滨、昆明等多个城市，由于受限于时间、空间等客观条件，因此问卷发放形式分为纸质问卷与网络问卷两种，涉及国有企业、外资企业、私营企业与事业单位等，主要调查的单位包括东北电网有限公司、广东发展银行、中国石油天然气集团公司、黑龙江农垦总局、中国对外贸易运输（集团）总公司、汇丰银行等多个单位。从问卷发放到最终回收持续了数月之久，共发放问卷400份，收回问卷386份，经过对问卷的仔细检查，删掉有遗漏或者有明显逻辑错误的问卷，最后获得有效问卷342份，问卷回收率是96.5%，问卷有效率为88.6%。

问卷采用匿名实测，把收集到的调查数据录入电脑，使用SPSS等统计分析软件进行处理，得到样本的描述性统计，如表3-8所示。

第二，统计分析方法。本节进行的是实证研究，应用的统计分析方法主要有以下几种：

表3-8 样本的描述性统计表

个人属性变量	分类	人数	占样本总数的比例
性别	男	174	50.88%
	女	168	49.12%
年龄	26岁以下	50	14.62%
	26~30岁	131	38.30%
	31~35岁	73	21.35%
	36~40岁	37	10.82%
	41~45岁	32	9.36%
	46~50岁	16	4.68%
	50岁以上	3	0.88%
文化程度	本科	259	75.73%
	硕士	47	13.74%
	博士	1	0.29%
	其他	35	10.23%
工作年限	1~5年	120	35.09%
	6~10年	112	32.75%
	11~15年	43	12.57%
	16~20年	26	7.60%
	21~25年	23	6.73%
	26~30年	13	3.80%
	30年以上	5	1.46%
单位性质	企业单位	287	83.92%
	事业单位	49	14.33%
	公务员系统	6	1.75%
岗位属性	基层员工	248	72.51%
	中层管理者	84	24.56%
	高层管理者	10	2.92%

• 描述性统计分析（Descriptive Statistical Analysis）。此方法主要是通过对现象、问题进行观察或调研，得到相关数据。对这些数据进行整理、分析、归类、减缩等，以图或表展现，并针对这些数据的分布特征计算出一些统计性数值，包括个数、极小值、极大值、均值、标准差等指标，通过这些概括性的指标进而得到研究者所需要的有意义信息。

• 因子分析（Factor Analysis）。此方法是一种简化、降维信息的分析技术，通过研究大量变量之间的内部依存关系，探求观察数值的基本结构，并用少数几个抽象的变量来表示其主要的数据结构。这几个抽象的变量被称作"因子"，可以反映原来大量变量的主要信息。简而言之，因子分析就是研究如何在信息缺失最小化的情况下，把大量观测变量简化为少数几个维度。

• 方差分析（Analysis of Variance，ANOVA）。此方法又被称为变异数分析或F检验，是一种假设检验，它是对所有样本观测值的变动进行分解，因为存在一些控制因素，它们会使各组样本观测值之间存在系统性误差与随机性误差，而将这两种误差加以比较，据以推断出各组样本之间是否存在显著性差异。若存在显著性差异，则表明此因素对各总体的影响是显著的；若不存在显著性差异，则说明该因素对总体的影响是不显著的。

• 相关分析（Correlation Analysis）。此方法用于研究两个随机变量之间的相关程度，或多个变量中两两变量之间的相关程度，也能够检验两组变量之间的相关程度。相关系数的正负号代表方向，即正相关与负相关。

• 回归分析（Regression Analysis）。此方法是研究两个变量或多个变量之间因果关系的统计分析方法。其基本思想是，在相关分析的基础上，对具有相关关系的两个或多个变量之间的数量变化关系进行测量，确立一个合适的数学模型，以便从一个变量来推断另一个变量，并分析此预测能力的大小。

（3）信度与效度分析

① 信度分析

信度主要用于考察问卷测试结果的可靠性与稳定性，是指采用同样的方法对同一对象重复测量时所得结果的一致性程度，一般以内部一致性程度表示信度的高低。本节采用Cronbach's α系数来检验问卷的信度，根据学术界的普遍观点，Cronbach's α系数大于0.9表明信度极好；在0.8以上代表非常好；达到0.7以上是比较好并可以接受的；而如果低于0.6，则应进行修订。本节所使用3个量表的信度分析结果见表3-9，从中可以看出，3个量表的Cronbach's α系数均在0.7以上，这说明问卷信度理想，可以进行统计分析。

表3-9 信度分析表

量表名称	题目个数	Cronbach's α
工作需求量表	7	0.788
工作控制量表	8	0.826
自觉体验量表	4	0.867

② 效度分析

效度主要用于检核问卷测试结果的准确性与正确性，是指测量工具或手段能够准确测出研究对象的程度，亦即问卷所得测试结果能够达到检验目的的程度。本节所采用的3个量表是依据相关文献的成熟量表直接译成，可认为本节所用量表具有较好的内容效度。因此，本节主要对结构效度进行分析。另外，本节采用因子分析法对结构效度进行检验，所以首先要根据KMO系数和Bartlett检验统计量来判断，当KMO值大于0.7且球形检验显著时，说明样本适合进行因子分析。

第一，工作需求的因子分析。本节将342组数据采用统计分析软件SPSS进行因子分析。检验结果表明KMO的检验值为0.750，大于0.7，适合进行因子分析。另外，Bartlett球形检验近似卡方值为921.776，达到显著水平（$P < 0.001$），同样适合进行因子分析。

因子分析采用主成分分析法，并对因子矩阵进行正交旋转，抽取特征值大于1的主成分作因子。共检测到两个因子，各因子解释变量程度如表3-10所示，两个因子累计共解释变量67.263%。

表3-10　　　　　　　　　工作需求公因子方差分析表

成分	旋转平方和载入		
	合计	方差的%	累积%
1	2.380	34.004	34.004
2	2.328	33.258	67.263

采用 Kaiser 标准化的正交旋转法，从因子旋转后的矩阵（见表3-11）看，题目1（工作迅速）、题目2（工作努力）、题目3（工作量大）可归为一个因子，题目4（工作时间不足）、题目5（工作过多）、题目6（工作积压）、题目7（工作冲突）可归为一个因子。考虑到工作需求的相关理论，题目1、2、3可归纳为角色冲突维度，题目4、5、6、7可归纳为时间压力维度。

表3-11　　　　　　　　工作需求因子旋转后的矩阵表

题目	成分	
	1	2
JD2：我的工作要求我付出非常大的努力	0.905	0.166
JD1：我的工作要求我工作迅速	0.848	0.003
JD3：我的工作量很大	0.797	0.301
JD6：我没有时间完成全部工作，甚至造成工作积压	-0.098	0.877
JD4：我没有足够的时间工作	0.253	0.741
JD5：我承担了过多的工作	0.349	0.695
JD7：我的工作中存在相互冲突的需要	0.110	0.639

第二，工作控制的因子分析。本节将342组数据采用统计分析软件SPSS进行因子分析。检验结果表明KMO的检验值为0.785，大于0.7，适合进行因子分析。另外，Bartlett球形检验近似卡方值为1088.421，达到显著水平（P < 0.001），同样适合进行因子分析（见表3-12）。

表3-12 　　　　　　　工作控制KMO和Bartlett的检验结果

取样足够度的Kaiser-Meyer-Olkin度量		0.785
Bartlett球形检验	近似卡方	1 088.421
	df	28
	Sig.	0.000

因子分析采用主成分分析法，并对因子矩阵进行正交旋转，抽取特征值大于1的主成分作因子。共检测到两个因子，各因子解释变量程度如表3-13所示，两个因子累计共解释变量64.016%。

表3-13 　　　　　　　工作控制公因子方差分析表

成分	旋转平方和载入		
	合计	方差的%	累积%
1	2.586	32.327	32.327
2	2.535	31.689	64.016

采用Kaiser标准化的正交旋转法，从因子旋转后的矩阵（见表3-14）看，题目1（高超技术）、题目2（更新知识）、题目3（非重复性工作）、题目4（创造性）可归纳为一个因子，题目5（工作方法自由）、题目6（决策权大）、题目7（自我决策程度高）、题目8（报告细节问题）可归纳为一个因子。考虑到工作控制的相关理论，题目1、2、3、4可归纳为技能多样性维度，题目5、5、7、8可归纳为决策权力维度。

表3-14 　　　　　　　工作控制因子旋转后的矩阵表

题目	成分	
	1	2
JC2：我的工作需要学习新知识	0.870	−0.026
JC4：我的工作需要创造性	0.786	0.258
JC1：我的工作需要很高的技术	0.721	0.153
JC3：我的工作不是重复性工作	0.602	0.276
JC6：我有很大决策权	0.046	0.874
JC7：我的工作中自我决策程度较高	0.086	0.855
JC8：我经常需要汇报工作中的细节问题	0.331	0.706
JC5：我在工作方法上有自由	0.458	0.612

第三，自觉体验的因子分析。本节将342组数据采用统计分析软件SPSS进行因子分析。检验结果表明KMO的检验值为0.808，大于0.7，适合进行因子分析。另外，Bartlett球形检验近似卡方值为648.993，达到显著水平（P < 0.001），同样适合进行因子分析（见表3-15）。

表3-15 自觉体验KMO和Bartlett的检验结果

取样足够度的Kaiser-Meyer-Olkin度量		0.808
Bartlett球形检验	近似卡方	648.993
	df	6
	Sig.	0.000

因子分析采用主成分分析法，并对因子矩阵进行正交旋转，抽取特征值大于1的主成分作因子。只检测到一个因子，解释变量程度如表3-16所示，累计解释变量71.530%。

表3-16 自觉体验公因子方差分析表

成分	旋转平方和载入		
	合计	方差的%	累积%
1	2.861	71.530	71.530

由于本节所研究的自觉体验只有一个因子，因此无法进行最大方差法的旋转。根据自觉体验的相关理论，在表3-17中，题目1（享受工作）、题目2（怀念工作后的感觉）、题目3（完成工作后的感觉棒）、题目4（工作的体验有益）可归纳为自觉体验。而且，表3-17中所示量表的载荷值均达到了0.8以上，符合研究的需求。

表3-17 自觉体验的成分矩阵表

题目	成分
	1
AE3：完成具有挑战性工作后的这种体验让我感觉棒极了	0.864
AE2：我总想找回完成具有挑战性工作后的那种很棒的感觉	0.861
AE1：工作时，我觉得很享受	0.838
AE4：我觉得这种挑战与技能平衡的体验是非常有益的	0.819

（4）各变量总体情况描述

描述性统计分析能够反映出数据中的直观特点与内在规律。对于本节中涉及的3个变量，即工作需求、工作控制与自觉体验，因为都应用Likert 5点量表进行测量，所以分值都在1至5的区间内，故本节规定："1~2"代表变量的水平较低，"2~2.5"代表变量的水平中等偏下，"2.5~3.5"代表变量的水平中等，"3.5~4"代表变量的水平中等偏上，"3.5~5"代表变量的水平较高。运用SPSS对工作需求、工作控制与自觉体验进行描述性统计分析，结果如表3-18所示。

表3-18　　　　　　　　　　　描述性统计分析

变量	N	极小值	极大值	均值	标准差
工作需求	342	1.00	5.00	3.7632	0.92084
角色冲突	342	1.00	5.00	3.0336	0.90269
时间压力	342	1.00	5.00	3.3463	0.75440
工作控制	342	1.00	5.00	3.4817	0.87415
技能多样性	342	1.00	5.00	3.1586	0.92292
决策权力	342	1.00	5.00	3.3202	0.76632
自觉体验	342	1.00	5.00	3.7295	0.82213

可以看出，工作需求的均值是3.7632，处于中等偏上水平。工作需求的两个维度角色冲突与时间压力的均值分别是3.0336和3.3463，都处于中等水平，但是员工承受的时间压力强度大于角色冲突。工作控制的均值为3.4817，位于中等水平。工作控制的两个维度技能多样性与决策权力的均值分别为3.1586与3.3202，也都处于中等水平，但是员工拥有的决策权力大于技能多样性。另外，工作控制的均值小于工作需求的均值，反映出员工的工作需求水平大于工作控制水平。最后，自觉体验的均值是3.7295，处于中等偏上水平，但状态不是很理想，还有提高的空间。

另外，时间压力的标准差为0.7544，数值最小，波动最平缓，相对也最稳定；技能多样性的标准差为0.92292，数值最大，波动也最剧烈，相对也最不稳定。但事实上，时间压力与技能多样性的标准差相差并不是很大，即总体上被调查员工在这些变量上的离散性差异不大。

（5）差异性统计分析

为分析人口统计因素是否会对研究结果造成影响，本节选取了部分人口统计学变量作为控制变量，分别是性别、年龄、文化程度、工作年限、单位性质与岗位属性。通过单因素方差分析法，可以考察上述变量是否影响员工的工作需求、工作控制与自觉体验。

① 性别的影响

为判断性别因素对相关变量的影响，本节应用单因素方差分析法来确定性别不同的员工在工作需求、工作控制与自觉体验上是否存在显著性差异，其中样本的性别状态被区分为男与女两种，分析结果如表3-19所示。

表3-19 性别ANOVA

变量		平方和	df	均方	F	显著性
工作需求	组间	2.495	1	2.495	4.428	0.036
	组内	191.577	340	0.563		
	总数	194.072	341			
角色冲突	组间	0.003	1	0.003	0.004	0.949
	组内	289.146	340	0.850		
	总数	289.149	341			
时间压力	组间	7.400	1	7.400	9.302	0.002
	组内	270.464	340	0.795		
	总数	277.863	341			
工作控制	组间	5.179	1	5.179	9.026	0.003
	组内	195.074	340	0.574		
	总数	200.253	341			

续表

变量		平方和	df	均方	F	显著性
技能多样性	组间	4.531	1	4.531	6.017	0.015
	组内	256.042	340	0.753		
	总数	260.573	341			
决策权力	组间	5.870	1	5.870	7.013	0.008
	组内	284.587	340	0.837		
	总数	290.457	341			
自觉体验	组间	.430	1	0.430	0.635	0.426
	组内	230.052	340	0.677		
	总数	230.482	341			

可以看到，工作需求、时间压力、工作控制、技能多样性、决策权力由于性别不同而存在显著性差异，但角色冲突与自觉体验不存在显著性差异。

② 年龄的影响

为判断年龄因素对相关变量的影响，本节应用单因素方差分析法来确定年龄不同的员工在工作需求、工作控制与自觉体验上是否存在显著性差异，其中样本的年龄状态被区分为26岁以下、26~30岁、31~35岁、36~40岁、41~45岁、46~50岁与50岁以上7种，分析结果如表3-20所示。

表3-20 　　　　　　　　　　年龄ANOVA

变量		平方和	df	均方	F	显著性
工作需求	组间	1.595	6	0.266	0.463	0.836
	组内	192.477	335	0.575		
	总数	194.072	341			
角色冲突	组间	4.394	6	0.732	0.862	0.523
	组内	284.755	335	0.850		
	总数	289.149	341			

续表

变量		平方和	df	均方	F	显著性
时间压力	组间	3.135	6	0.523	0.637	0.700
	组内	274.728	335	0.820		
	总数	277.863	341			
工作控制	组间	5.463	6	0.910	1.566	0.156
	组内	194.791	335	0.581		
	总数	200.253	341			
技能多样性	组间	7.526	6	1.254	1.661	0.130
	组内	253.047	335	0.755		
	总数	260.573	341			
决策权力	组间	7.468	6	1.245	1.473	0.186
	组内	282.989	335	0.845		
	总数	290.457	341			
自觉体验	组间	1.259	6	0.210	0.307	0.933
	组内	229.223	335	0.684		
	总数	230.482	341			

可以看到，工作需求、角色冲突、时间压力、工作控制、技能多样性、决策权力与自觉体验不会因为年龄不同而存在显著性差异，即在显著性差异方面都没有受到年龄因素的影响。

③ 文化程度的影响

为判断文化程度对相关变量的影响，本节应用单因素方差分析法来确定文化程度不同的员工在工作需求、工作控制与自觉体验上的显著性差异，其中样本的文化程度被区分为本科、硕士、博士与其他4种，分析结果如表3-21所示。

表3-21　　　　　　　　　　　文化程度ANOVA

变量		平方和	df	均方	F	显著性
工作需求	组间	1.209	3	0.403	0.706	0.549
	组内	192.863	338	0.571		
	总数	194.072	341			
角色冲突	组间	2.111	3	0.704	0.828	0.479
	组内	287.039	338	0.849		
	总数	289.149	341			
时间压力	组间	1.812	3	0.604	0.740	0.529
	组内	276.051	338	0.817		
	总数	277.863	341			
工作控制	组间	5.160	3	1.720	2.980	.032
	组内	195.093	338	0.577		
	总数	200.253	341			
技能多样性	组间	7.188	3	2.396	3.196	0.024
	组内	253.385	338	0.750		
	总数	260.573	341			
决策权力	组间	6.080	3	2.027	2.409	0.067
	组内	284.377	338	0.841		
	总数	290.457	341			
自觉体验	组间	0.763	3	0.254	0.374	0.772
	组内	229.718	338	0.680		
	总数	230.482	341			

可以看到，只有工作控制与技能多样性因为文化程度不同而存在显著性差异，工作需求、角色冲突、时间压力、决策权力与自觉体验都不会由于文化程度不同而存在显著性差异。

④ 工作年限的影响

为判断工作年限对相关变量的影响，本节应用单因素方差分析法来确定工作年限不同的员工在工作需求、工作控制与自觉体验上是否存在显著性差异，其中样本的工作年限被区分为1~5年、6~10年、11~15年、16~20年、21~25年、26~30年与30年以上7种，分析结果如表3-22所示。

表3-22　　　　　　　　　工作年限ANOVA

变量		平方和	df	均方	F	显著性
工作需求	组间	3.365	6	0.561	0.985	0.435
	组内	190.707	335	0.569		
	总数	194.072	341			
角色冲突	组间	5.011	6	0.835	0.985	0.435
	组内	284.138	335	0.848		
	总数	289.149	341			
时间压力	组间	3.780	6	0.630	0.770	0.594
	组内	274.083	335	0.818		
	总数	277.863	341			
工作控制	组间	3.958	6	0.660	1.126	0.347
	组内	196.296	335	0.586		
	总数	200.253	341			
技能多样性	组间	8.296	6	1.383	1.836	0.091
	组内	252.277	335	0.753		
	总数	260.573	341			
决策权力	组间	8.180	6	1.363	1.618	0.141
	组内	282.277	335	0.843		
	总数	290.457	341			
自觉体验	组间	2.680	6	0.447	0.657	0.685
	组内	227.802	335	0.680		
	总数	230.482	341			

可以看到，工作需求、角色冲突、时间压力、工作控制、技能多样性、决策权力与自觉体验不会因为工作年限不同而存在显著性差异，即在显著性差异方面都没有受到工作年限因素的影响。

⑤ 单位性质的影响

为判断单位性质对相关变量的影响，本节应用单因素方差分析法来确定文化程度不同的员工在工作需求、工作控制与自觉体验上是否存在显著性差异，其中样本的单位性质被区分为企业单位、事业单位与公务员系统3种，分析结果如表3-23所示。

表3-23 单位性质ANOVA

变量		平方和	df	均方	F	显著性
工作需求	组间	3.692	2	1.846	3.287	0.039
	组内	190.380	339	0.562		
	总数	194.072	341			
角色冲突	组间	5.062	2	2.531	3.020	0.050
	组内	284.087	339	.838		
	总数	289.149	341			
时间压力	组间	5.692	2	2.846	3.545	0.030
	组内	272.172	339	.803		
	总数	277.863	341			
工作控制	组间	3.307	2	1.654	2.847	0.059
	组内	196.946	339	0.581		
	总数	200.253	341			
技能多样性	组间	4.436	2	2.218	2.936	0.054
	组内	256.137	339	0.756		
	总数	260.573	341			
决策权力	组间	2.350	2	1.175	1.383	0.252
	组内	288.107	339	0.850		
	总数	290.457	341			
自觉体验	组间	.750	2	0.375	0.553	0.576
	组内	229.732	339	0.678		
	总数	230.482	341			

可以看到，只有工作需求与时间压力因为单位性质不同而存在显著性差异，角色冲突、工作控制、技能多样性、决策权力与自觉体验都不会由于单位性质不同而存在显著性差异。

⑥ 岗位属性的影响

为判断岗位属性对相关变量的影响，本节应用单因素方差分析法来确定岗位属性不同的员工在工作需求、工作控制与自觉体验上是否存在显著性差异，其中样本的岗位属性被区分为基层员工、中层管理者与高层管理者3种，分析结果如表3-24所示。

表3-24 岗位属性ANOVA

变量		平方和	df	均方	F	显著性
工作需求	组间	1.659	2	0.830	1.462	0.233
	组内	192.412	339	0.568		
	总数	194.072	341			
角色冲突	组间	2.057	2	1.028	1.214	0.298
	组内	287.092	339	0.847		
	总数	289.149	341			
时间压力	组间	1.908	2	0.954	1.172	0.311
	组内	275.955	339	0.814		
	总数	277.863	341			
工作控制	组间	3.913	2	1.956	3.378	0.035
	组内	196.341	339	0.579		
	总数	200.253	341			
技能多样性	组间	3.626	2	1.813	2.392	0.093
	组内	256.947	339	0.758		
	总数	260.573	341			
决策权力	组间	4.484	2	2.242	2.658	0.072
	组内	285.973	339	0.844		
	总数	290.457	341			
自觉体验	组间	.293	2	0.146	0.215	0.806
	组内	230.189	339	0.679		
	总数	230.482	341			

可以看到，只有工作控制因为岗位属性不同而存在显著性差异，工作需求、角色冲突、时间压力、技能多样性、决策权力与自觉体验都不会由于岗位属性不同而存在显著性差异。

（6）相关分析

本节在此部分主要研究工作需求、工作控制与自觉体验3个变量之间的两两相关问题。相关关系指两个变量在发展方向与大小程度方面存在的相随变动，即一个变量的变化是否能引起另一个变量的变化，但并不能判断出这两个变量之间的因果关系。相关关系分为正相关与负相关两种。为了验证工作需求、工作控制与自觉体验之间是否存在相关关系，如果相关，以及这种相关程度的大小，本节运用统计分析软件SPSS研究工作需求与工作控制之间、工作控制与自觉体验之间、工作需求与自觉体验之间的相关关系，通过计算Pearson相关系数来衡量。

① 工作需求与工作控制相关性分析

通过计算Pearson相关系数来分析工作需求与工作控制的相关性，得到的相关性分析表如表3-25所示。

表3-25　　　　　　　**工作需求与工作控制相关性分析表**

项目		工作控制	技能多样性	决策权力
工作需求	Pearson相关性	0.482**	0.476**	0.350**
	显著性（双侧）	0.000	0.000	0.000
	N	342	342	342
角色冲突	Pearson相关性	0.401**	0.468**	0.222**
	显著性（双侧）	0.000	0.000	0.000
	N	342	342	342
时间压力	Pearson相关性	0.399**	0.338**	0.342**
	显著性（双侧）	0.000	0.000	0.000
	N	342	342	342

注：**在0.01水平（双侧）上显著相关。

可以看到工作需求及其各维度与工作控制及其各维度存在显著的正

相关。工作需求与工作控制呈显著正相关（P<0.01），Pearson相关系数为0.482；工作需求与技能多样性呈显著正相关（P<0.01），Pearson相关系数为0.476；工作需求与决策权力呈显著正相关（P<0.01），Pearson相关系数为0.350；角色冲突与工作控制呈显著正相关（P<0.01），Pearson相关系数为0.401；角色冲突与技能多样性呈显著正相关（P<0.01），Pearson相关系数为0.468；角色冲突与决策权力呈显著正相关（P<0.01），Pearson相关系数为0.222；时间压力与工作控制呈显著正相关（P<0.01），Pearson相关系数为0.399；时间压力与技能多样性呈显著正相关（P<0.01），Pearson相关系数为0.338；时间压力与决策权力呈显著正相关（P<0.01），Pearson相关系数为0.342。其中，工作需求对工作控制的相关影响最大，角色冲突对决策权力的相关影响最小。

② 工作控制与自觉体验相关性分析

通过计算Pearson相关系数来分析工作控制与自觉体验的相关性，得到的相关性分析表如表3-26所示。

表3-26　　　　　　　**工作控制与自觉体验相关性分析表**

项目		自觉体验
工作控制	Pearson相关性	0.433**
	显著性（双侧）	0.000
	N	342
技能多样性	Pearson相关性	0.428**
	显著性（双侧）	0.000
	N	342
决策权力	Pearson相关性	0.313**
	显著性（双侧）	0.000
	N	342

注：**在0.01水平（双侧）上显著相关。

可以看到工作控制及其各维度与自觉体验存在显著的正相关。工作控制与自觉体验呈显著正相关（P<0.01），Pearson相关系数为0.433；技

能多样性与自觉体验呈显著正相关（P<0.01），Pearson 相关系数为0.428；决策权力与自觉体验呈显著正相关（P<0.01），Pearson 相关系数为0.313。其中，工作控制对自觉体验的相关影响最大，决策权力对自觉体验的相关影响最小。

③ 工作需求与自觉体验相关性分析

通过计算 Pearson 相关系数来分析工作需求与自觉体验的相关性，得到的相关性分析表如表3-27所示。

表3-27 　　　　　　　　　**工作需求与自觉体验相关性分析表**

项目		自觉体验
工作需求	Pearson 相关性	0.405**
	显著性（双侧）	0.000
	N	342
角色冲突	Pearson 相关性	0.439**
	显著性（双侧）	0.000
	N	342
时间压力	Pearson 相关性	0.256**
	显著性（双侧）	0.000
	N	342

注：**在0.01水平（双侧）上显著相关。

可以看到工作需求及其各维度与自觉体验存在显著的正相关。工作需求与自觉体验呈显著正相关（P<0.01），Pearson 相关系数为0.405；角色冲突与自觉体验呈显著正相关（P<0.01），Pearson 相关系数为0.439；时间压力与自觉体验呈显著正相关（P<0.01），Pearson 相关系数为0.256。其中，角色冲突对自觉体验的相关影响最大，时间压力对自觉体验的相关影响最小。

（7）回归分析

上节相关分析的研究结果表明，本节全部的研究变量均呈显著正相关。然而，相关分析只可用来判断因子之间的紧密程度，即是否存在相关关系，但不能反映因子之间的因果关系，不具备预测能力。因此，为进一步验证工作需求、工作控制与自觉体验之间的关系，本节需要进行回归分析，因为回归分析可以反映各因子之间是否存在因果关系，能够确定自变量对因变量的预测性。

① 自觉体验对工作需求的回归分析

在此将自觉体验作为因变量，把工作需求的两个维度角色冲突与时间压力当作自变量，应用强制回归法（Enter）进行线性回归，得到自觉体验对角色冲突与时间压力的回归模型汇总，如表3-28所示。

表3-28 　　　　　　　　 **自觉体验对工作需求回归模型汇总**

模型	R	R方	调整R方	标准估计的误差
M1	0.451[a]	0.204	0.199	0.73580

a.预测变量：（常量），时间压力，角色冲突。

可以看到，自觉体验对工作需求的两个维度角色冲突与时间压力的总体回归系数R为0.451，R方为0.204，说明自变量可以解释因变量20.4%的变异量，调整后的R方为0.199，两者相差较小，表明模型与数据的拟合程度较好。应用方差分析法检验回归方程的显著性，结果见表3-29。

表3-29 　　　　　　　 **自觉体验对工作需求回归ANOVA[b]**

模型		平方和	df	均方	F	Sig.
M1	回归	46.947	2	23.473	43.356	0.000[a]
	残差	183.535	339	0.541		
	总计	230.482	341			

a.预测变量：（常量），时间压力，角色冲突。

b.因变量：自觉体验。

由表3-29可知，回归模型整体统计检验F的值为43.356，显著性水平小于0.01，这表明回归方程通过了显著性检验，至少有一个回归系数不为零，回归方程具有统计学意义。回归系数的具体数值如表3-30所示。

表3-30　　　　自觉体验对角色冲突与时间压力的回归模型系数[a]

模型		非标准化系数		标准系数	t	Sig.
		B	标准误差	Beta		
M1	（常量）	2.081	0.186		11.192	0.000
	角色冲突	0.356	0.046	0.398	7.665	0.000
	时间压力	0.102	0.047	0.112	2.157	0.000

a.因变量：自觉体验。

　　表3-30列出了回归模型的回归系数及显著性检验，可以发现，非标准化系数B与两个自变量的估计值分别为2.081、0.356与0.102，对应的显著性水平均小于0.01，这表明此3个估计值均存在显著性。所以，能够得到回归方程：

　　　　自觉体验=2.081+0.356×角色冲突+0.102×时间压力

　　此回归方程反映了工作需求的两个维度角色冲突与时间压力对自觉体验的影响程度，其中角色冲突对自觉体验的影响较大，达到35.6%，时间压力的影响程度相对较小，是10.2%。

　　② 工作控制对工作需求的回归分析

　　在此将工作控制作为因变量，把工作需求的两个维度时间压力与角色冲突当作自变量，应用强制回归法（Enter）进行线性回归，得到工作控制对时间压力与角色冲突的回归模型汇总，如表3-31所示。

表3-31　　　　　工作控制对工作需求回归模型汇总

模型	R	R方	调整R方	标准估计的误差
M1	0.484[a]	0.235	0.230	0.67244

a.预测变量：（常量），时间压力，角色冲突。

　　可以看到，工作控制对工作需求的两个维度角色冲突与时间压力的总体回归系数R为0.484，R方为0.235，说明自变量可以解释因变量23.5%的变异量，调整后的R方为0.230，两者相差较小，表明模型与数据的拟合程度较好。应用方差分析法检验回归方程的显著性，结果见表3-32。

表3-32 工作控制对工作需求回归ANOVA[b]

模型		平方和	df	均方	F	Sig.
M1	回归	46.966	2	23.483	51.933	0.000[a]
	残差	153.287	339	0.452		
	总计	200.253	341			

a.预测变量：（常量），时间压力，角色冲突。

b.因变量：工作控制。

由表3-32可知，回归模型整体统计检验F的值为51.933，显著性水平小于0.01，这表明回归方程通过了显著性检验，至少有一个回归系数不为零，回归方程具有统计学意义。回归系数的具体数值如表3-33所示。

表3-33 工作控制对角色冲突与时间压力的回归模型系数[a]

模型		非标准化系数		标准系数	t	Sig.
		B	标准误差	Beta		
M1	（常量）	1.645	0.170		9.679	0.000
	角色冲突	0.245	0.042	0.295	5.787	0.000
	时间压力	0.248	0.043	0.292	5.727	0.000

a.因变量：工作控制。

表3-33列出了回归模型的回归系数及显著性检验，可以发现，非标准化系数B与两个自变量的估计值分别为1.645、0.245与0.248，对应的显著性水平均小于0.01，这表明此3个估计值均存在显著性。所以，能够得到回归方程：

工作控制=1.645+0.245×角色冲突+0.248×时间压力

此回归方程反映了工作需求的两个维度角色冲突与时间压力对工作控制的影响程度，其中时间压力对工作控制的影响较大，达到24.8%，角色冲突的影响程度相对较小，是24.5%。

③ 自觉体验对工作控制的回归分析

在此将自觉体验作为因变量，把工作控制的两个维度技能多样性与决策权力当作自变量，应用强制回归法（Enter）进行线性回归，得到自觉体验对技能多样性与决策权力的回归模型汇总，如表3-34所示。

表3-34　　　　　　自觉体验对工作控制回归模型汇总

模型	R	R方	调整R方	标准估计的误差
M1	0.448[a]	0.201	0.196	0.73706

a.预测变量：（常量），时间压力，角色冲突。

可以看到，自觉体验对工作控制的两个维度技能多样性与决策权力的总体回归系数R为0.448，R方为0.201，说明自变量可以解释因变量20.1%的变异量，调整后的R方为0.196，两者相差较小，表明模型与数据的拟合程度较好。应用方差分析法检验回归方程的显著性，结果见表3-35。

表3-35　　　　　　自觉体验对工作控制回归ANOVA[b]

模型		平方和	df	均方	F	Sig.
M1	回归	46.317	2	23.158	42.629	0.000[a]
	残差	184.165	339	0.543		
	总计	230.482	341			

a.预测变量：（常量），决策权力，技能多样性。

b.因变量：自觉体验。

由表3-35可知，回归模型整体统计检验F的值为42.629，显著性水平小于0.01，这表明回归方程通过了显著性检验，至少有一个回归系数不为零，回归方程具有统计学意义。回归系数的具体数值如表3-36所示。

表3-36　　　自觉体验对技能多样性与决策权力的回归模型系数[a]

模型		非标准化系数		标准系数	t	Sig.
		B	标准误差	Beta		
M1	（常量）	2.130	0.179		11.891	0.000
	技能多样性	0.339	0.051	0.361	6.615	0.000
	决策权力	0.133	0.049	0.149	2.733	0.007

a.因变量：自觉体验。

表3-36列出了回归模型的回归系数及显著性检验，可以发现，非标准化系数B与两个自变量的估计值分别为2.130、0.339与0.133，对应的显著性水平均小于0.01，这表明此3个估计值均存在显著性。所以，能够得到回归方程：

自觉体验=2.130+0.339×技能多样性+0.133×决策权力

此回归方程反映了工作控制的两个维度技能多样性与决策权力对自觉体验的影响程度，其中技能多样性对自觉体验的影响较大，达到33.9%，决策权力的影响程度相对较小，是13.3%。

④ 自觉体验对工作需求与工作控制的回归分析

在此将自觉体验作为因变量，把工作需求的两个维度（角色冲突、时间压力）与工作控制的两个维度（技能多样性、决策权力）作为自变量，应用强制回归法（Enter）进行线性回归，得到自觉体验对角色冲突、时间压力、技能多样性与决策权力的回归模型汇总，如表3-37所示。

表3-37　　**自觉体验对工作需求与工作控制回归模型汇总**

模型	R	R方	调整R方	标准估计的误差
M1	0.523[a]	0.274	0.265	0.70480

a.预测变量：（常量），决策权力，角色冲突，时间压力，技能多样性。

可以看到，自觉体验对工作需求的两个维度（角色冲突、时间压力）与工作控制的两个维度（技能多样性、决策权力）的总体回归系数R为0.523，R方为0.274，说明自变量可以解释因变量27.4%的变异量，调整后的R方为0.265，两者相差较小，表明模型与数据的拟合程度较好。应用方差分析法检验回归方程的显著性，结果见表3-38。

表3-38　　**自觉体验对工作需求与工作控制回归ANOVA[b]**

模型		平方和	df	均方	F	Sig.
M1	回归	63.080	4	15.770	31.747	0.000[a]
	残差	167.402	337	0.497		
	总计	230.482	341			

a.预测变量：（常量），决策权力，角色冲突，时间压力，技能多样性。

b.因变量：自觉体验。

由表3-38可知，回归模型整体统计检验F的值为31.747，显著性水平小于0.01，这表明回归方程通过了显著性检验，至少有一个回归系数不为零，回归方程具有统计学意义。回归系数的具体数值如表3-39所示。

表3-39　　　　自觉体验对工作需求与工作控制回归模型系数[a]

模型		非标准化系数		标准系数	t	Sig.
		B	标准误差	Beta		
M1	（常量）	1.555	0.201		7.727	0.000
	角色冲突	0.265	0.048	0.297	5.467	0.000
	时间压力	0.026	0.048	0.028	0.542	0.588
	技能多样性	0.204	0.054	0.217	3.753	0.000
	决策权力	0.124	0.048	0.139	2.590	0.000

a.因变量：自觉体验。

表3-39列出了回归模型的回归系数及显著性检验，可以发现，非标准化系数B与4个自变量的估计值分别为1.555、0.265、0.026、0.204与0.124，其中非标准化系数B、角色冲突、技能多样性与决策权力对应的显著性水平均小于0.01，这表明此4个估计值均存在显著性。但时间压力显著性水平为0.588，因此不纳入回归方程中。所以，最后得到的回归方程为：

自觉体验=1.555+0.265×角色冲突+0.204×技能多样性+0.124×决策权力

此回归方程反映了工作控制的一个维度（角色冲突）与工作控制的两个维度（技能多样性、决策权力）对自觉体验的影响程度，其中角色冲突对自觉体验的影响最大，达到26.5%，决策权力的影响程度最小，是12.4%。

（8）中介作用检验

在对工作需求、工作控制与自觉体验等文献进行研究的基础上，本节提出了工作控制是工作需求与自觉体验间的中介变量。所以，需要对工作控制这一中介变量进行检验，从而确定工作控制对工作需求与自觉体验间的关系是否存在中介作用，以及此中介变量起到的中介作用是完全中介还是部分中介。根据前文，已经得到工作需求与工作控制之间、工作控制与自觉体验之间、工作需求与自觉体验之间都存在显著的正相关。

Baron & Kenny（1986）指出判定变量起到中介作用的三个步骤：第一，做中介变量对自变量的回归，观察回归系数是否达到显著性水平，若显著则继续下一步，若不显著则停止；第二，做因变量对自变量的回归，观察回归系数是否达到显著性水平，若显著则继续下一步，若不显著则停止；第三，同时做因变量对自变量和中介变量的回归，若中介变量的回归系数达到显著性水平，同时自变量的回归系数减小，则存在中介作用。

然后，分两种情况来判定此中介作用为完全中介还是部分中介：当自变量的回归系数减小到不显著水平时，表明中介变量起到完全中介作用；当自变量的回归系数减少，但仍然达到显著水平时，说明中介变量只起到部分中介作用，即自变量一方面通过中介变量影响因变量，同时也直接对因变量起作用。本节采用的就是Baron和Kenny（1986）提出的中介作用判定方法。

① 技能多样性的中介作用检验

第一，技能多样性对时间压力与自觉体验的中介作用分析。首先，将时间压力作为自变量，把技能多样性当作因变量，建立回归模型M1。其次，把时间压力当作自变量，将自觉体验作为因变量，建立回归模型M2。最后，将时间压力与技能多样性同时作为自变量，把自觉体验当作因变量，建立回归模型M3。具体分析如表3-40所示。

表3-40　技能多样性对时间压力与自觉体验的中介作用回归模型

回归模型		非标准化系数		标准系数	t	Sig.
		B	标准误差	Beta		
M1	（常量）	2.490	0.156		15.916	0.000
	时间压力-技能多样性	0.327	0.049	0.338	6.613	0.000
M2	（常量）	3.021	0.151		19.997	0.000
	时间压力-自觉体验	0.233	0.048	0.256	4.889	0.000
M3	（常量）	2.118	0.185		11.435	0.000
	时间压力-自觉体验	0.115	0.047	0.126	2.440	0.015
	技能多样性-自觉体验	0.363	0.049	0.386	7.460	0.000

由M1可以看出，B = 0.327，P<0.01，回归系数达到显著性水平。根据M2的结果，B = 0.233，P<0.01，回归系数达到显著性水平。由M3可以看出，时间压力的B = 0.115，P<0.05，技能多样性的B = 0.363，P<0.01，同时技能多样性的回归系数达到显著性水平，时间压力的回归系数减小，表明时间压力与自觉体验之间存在技能多样性的中介作用。另外，自变量时间压力的回归系数减小，但仍然达到显著性水平，说明技能多样性在时间压力与自觉体验之间只起到部分中介作用，即时间压力一方面通过技能多样性影响自觉体验，另一方面自己也对自觉体验有直接影响。

第二，技能多样性对角色冲突与自觉体验的中介作用分析。首先，将角色冲突作为自变量，把技能多样性当作因变量，建立回归模型M1。其次，把角色冲突当作自变量，将自觉体验作为因变量，建立回归模型M2。最后，将角色冲突与技能多样性同时作为自变量，把自觉体验当作因变量，建立回归模型M3。具体分析如表3-41所示。

表3-41　技能多样性对角色冲突与自觉体验的中介作用回归模型

回归模型		非标准化系数		标准系数	t	Sig.
		B	标准误差	Beta		
M1	（常量）	1.810	0.176		10.270	0.000
	角色冲突-技能多样性	0.444	0.045	0.468	9.762	0.000
M2	（常量）	2.254	0.169		13.377	0.000
	角色冲突-自觉体验	0.392	0.044	0.439	9.011	0.000
M3	（常量）	1.769	0.185		9.540	0.000
	角色冲突-自觉体验	0.273	0.047	0.306	5.766	0.000
	技能多样性-自觉体验	0.268	0.050	0.285	5.381	0.000

由M1可以看出，B = 0.444，P<0.01，回归系数达到显著性水平。根据M2的结果，B = 0.392，P<0.01，回归系数达到显著性水平。由M3可以看出，角色冲突的B = 0.273，P<0.01，技能多样性的B = 0.268，P<0.01，同时技能多样性的回归系数达到显著性水平，角色冲突的回归

系数减小，表明角色冲突与自觉体验之间存在技能多样性的中介作用。另外，自变量角色冲突的回归系数减小，但仍然达到显著性水平，说明技能多样性在角色冲突与自觉体验之间只起到部分中介作用，即角色冲突一方面通过技能多样性影响自觉体验，另一方面自己也对自觉体验有直接影响。

②决策权力的中介作用检验

第一，决策权力对时间压力与自觉体验的中介作用分析。首先，将时间压力作为自变量，把决策权力当作因变量，建立回归模型M1。其次，把时间压力当作自变量，将自觉体验作为因变量，建立回归模型M2。最后，将时间压力与决策权力同时作为自变量，把自觉体验当作因变量，建立回归模型M3。具体分析如表3-42所示。

表3-42　　决策权力对时间压力与自觉体验的中介作用回归模型

回归模型		非标准化系数		标准系数	t	Sig.
		B	标准误差	Beta		
M1	（常量）	2.097	0.165		12.719	0.000
	时间压力-决策权力	0.350	0.052	0.342	6.717	0.000
M2	（常量）	3.021	0.151		19.997	0.000
	时间压力-自觉体验	0.233	0.048	0.256	4.889	0.000
M3	（常量）	2.545	0.178		14.292	0.000
	时间压力-自觉体验	0.154	0.049	0.169	3.123	0.002
	决策权力-自觉体验	0.227	0.048	0.255	4.709	0.000

由 M1 可以看出，B = 0.350，P<0.01，回归系数达到显著性水平。根据 M2 的结果，B = 0.233，P<0.01，回归系数达到显著性水平。由 M3 可以看出，时间压力的 B = 0.154，P<0.01，决策权力的 B = 0.227，P<0.01，同时决策权力的回归系数达到显著性水平，时间压力的回归系数减小，表明时间压力与自觉体验之间存在决策权力的中介作用。另外，自变量时间压力的回归系数减小，但仍然达到显著性水平，说明决策权力在时间压力与自觉体验之间只起到部分中介作用，即时间压力一

方面通过决策权力影响自觉体验，另一方面自己也对自觉体验有直接影响。

第二，决策权力对角色冲突与自觉体验的中介作用分析。首先，将角色冲突作为自变量，把决策权力当作因变量，建立回归模型M1。其次，把角色冲突当作自变量，将自觉体验作为因变量，建立回归模型M2。最后，将角色冲突与决策权力同时作为自变量，把自觉体验当作因变量，建立回归模型M3。具体分析如表3-43所示。

表3-43　决策权力对角色冲突与自觉体验的中介作用回归模型

回归模型		非标准化系数		标准系数	t	Sig.
		B	标准误差	Beta		
M1	（常量）	2.321	0.205		11.306	0.000
	角色冲突-决策权力	0.223	0.053	0.222	4.199	0.000
M2	（常量）	2.254	0.169		13.377	0.000
	角色冲突-自觉体验	0.392	0.044	0.439	9.011	0.000
M3	（常量）	1.786	0.192		9.308	0.000
	角色冲突-自觉体验	0.347	0.043	0.389	8.014	0.000
	决策权力-自觉体验	0.202	0.043	0.226	4.668	0.000

由M1可以看出，$B = 0.223$，$P < 0.01$，回归系数达到显著性水平。根据M2的结果，$B = 0.392$，$P < 0.01$，回归系数达到显著性水平。由M3可以看出，角色冲突的$B = 0.347$，$P < 0.01$，决策权力的$B = 0.202$，$P < 0.01$，同时决策权力的回归系数达到显著性水平，角色冲突的回归系数减小，表明角色冲突与自觉体验之间存在决策权力的中介作用。另外，自变量角色冲突的回归系数减小，但仍然达到显著性水平，说明决策权力在角色冲突与自觉体验之间只起到部分中介作用，即角色冲突一方面通过决策权力影响自觉体验，另一方面自己也对自觉体验有直接影响。

③ 工作控制的中介作用检验

首先，将工作需求作为自变量，把工作控制当作因变量，建立回归模型M1。其次，把工作需求当作自变量，将自觉体验作为因变量，建立回归模型M2。最后，将工作需求与工作控制同时作为自变量，把自觉体验当作因变量，建立回归模型M3。具体分析如表3-44所示。

表3-44　工作控制对工作需求与自觉体验的中介作用回归模型

回归模型		非标准化系数		标准系数	t	Sig.
		B	标准误差	Beta		
M1	（常量）	1.681	0.166		10.156	0.000
	工作需求-工作控制	0.490	0.048	0.482	10.147	0.000
M2	（常量）	2.253	0.185		12.154	0.000
	工作需求-自觉体验	0.441	0.054	0.405	8.166	0.000
M3	（常量）	1.695	0.202		8.375	0.000
	工作需求-自觉体验	0.279	0.059	0.256	4.726	0.000
	工作控制-自觉体验	0.332	0.058	0.309	5.711	0.000

由M1可以看出，B = 0.490，P<0.01，回归系数达到显著性水平。根据M2的结果，B = 0.441，P<0.01，回归系数达到显著性水平。由M3可以看出，工作需求的B = 0.279，P<0.01，工作控制的B = 0.332，P<0.01，同时工作控制的回归系数达到显著性水平，工作需求的回归系数减小，表明工作需求与自觉体验之间存在工作控制的中介作用。另外，自变量工作需求的回归系数减小，但仍然达到显著性水平，说明工作控制在工作需求与自觉体验之间只起到部分中介作用，即工作需求一方面通过工作控制影响自觉体验，另一方面自己也对自觉体验有直接影响。

3.4.4　结论与展望

（1）研究结论

① 主要结论

本节基于Csikszentmihaiyi（1975）的沉浸体验理论，应用Karasek（1979）的JDC模型研究，通过对相关文献的梳理，提出了4项理论假设。基于组织治理对中国情境下各类型组织的员工进行实证研究，运用严格的定量数理统计方法就工作需求对自觉体验的直接影响、工作需求对工作控制的影响、工作控制对自觉体验的影响、工作控制在工作需求与自觉体验间的中介作用进行深入分析，主要得到以下研究结论：

第一，工作需求及其维度、工作控制及其维度、自觉体验所处的水平不同。工作需求处于中等偏上水平，工作需求的两个维度角色冲突与时间压力都处于中等水平，但员工承受的时间压力强度大于角色冲突；工作控制位于中等水平，工作控制的两个维度技能多样性与决策权力也处于中等水平，但员工拥有的决策权力大于技能多样性；工作控制的均值小于工作需求的均值，反映出员工的工作需求水平大于工作控制水平；自觉体验处于中等偏上水平，但状态不是很理想，还有提高的空间。

第二，人口统计变量对工作需求、工作控制与自觉体验存在差异性影响。工作需求、时间压力、工作控制、技能多样性、决策权力由于性别不同而存在显著性差异，但角色冲突与自觉体验在性别方面不存在显著性差异；工作需求、角色冲突、时间压力、工作控制、技能多样性、决策权力与自觉体验都不会因为年龄不同而存在显著性差异；工作控制与技能多样性因为文化程度不同而存在显著性差异，工作需求、角色冲突、时间压力、决策权力与自觉体验都不会由于文化程度不同而存在显著性差异；工作需求、角色冲突、时间压力、工作控制、技能多样性、决策权力与自觉体验都不会因为工作年限不同而存在显著性差异；工作需求与时间压力因为单位性质不同而存在显著性差异，角色冲突、工作控制、技能多样性、决策权力与自觉体验都不会由于单位性质不同而存在显著性差异；只有工作控制因为岗位属性不同而存在显著性差异，工作需求、角色冲突、时间压力、技能多样性、决策权力与自觉体验都不会由于岗位属性不同而存在显著性差异。

第三，工作需求对自觉体验具有显著的正向影响。由相关分析可以看出，工作需求（时间压力、角色冲突）与自觉体验显著正相关，即时间压力与自觉体验显著正相关；角色冲突与自觉体验显著正相关；工作需求与自觉体验显著正相关。其中角色冲突对自觉体验的相关影响最强，时间压力对自觉体验的相关影响最弱。根据回归分析的结果，与时间压力相比，角色冲突对自觉体验的预测作用更强，并得到回归方程：自觉体验=2.081+0.356×角色冲突+0.102×时间压力。

第四，工作需求对工作控制具有显著的正向影响。根据相关分析的结果，工作需求（时间压力、角色冲突）与工作控制（技能多样性、决策权力）显著正相关，即角色冲突与技能多样性正相关，角色冲突与决策权力正相关，角色冲突与工作控制正相关；时间压力与技能多样性正相关，时间压力与决策权力正相关，时间压力与工作控制正相关；工作需求与技能多样性正相关，工作需求与决策权力正相关，工作需求与工作控制正相关。其中，工作需求对工作控制的相关影响最强，角色冲突对决策权力的相关影响最弱。由回归分析可以看出，与角色冲突相比，时间压力对工作控制的预测作用更强，并得到回归方程：工作控制=1.645+0.245×角色冲突+0.248×时间压力。

第五，工作控制对自觉体验具有显著的正向影响。由相关分析可以看出，工作控制（技能多样性、决策权力）与自觉体验显著正相关，即技能多样性与自觉体验正相关；决策权力与自觉体验正相关；工作控制与自觉体验正相关。其中工作控制对自觉体验的相关影响最强，决策权力对自觉体验的相关影响最弱。根据回归分析的结果，与决策权力相比，技能多样性对自觉体验的预测作用更强，并得到回归方程：自觉体验=2.130+0.339×技能多样性+0.133×决策权力。

第六，工作控制对工作需求与自觉体验间的关系具有部分中介作用。根据相关分析的结果，工作需求（时间压力、角色冲突）、工作控制（技能多样性、决策权力）与自觉体验显著正相关。由回归分析可以看出，角色冲突对自觉体验的预测作用最强，决策权力对自觉体验的预测作用相对最弱，而时间压力对自觉体验没有预测作用，并得到回归方程：自觉体验=1.555+0.265×角色冲突+0.204×技能多样性+0.124×决策权力。

具体地说，技能多样性在角色冲突与自觉体验之间具有部分中介作用，技能多样性在时间压力与自觉体验之间具有部分中介作用；决策权力在角色冲突与自觉体验之间具有部分中介作用，决策权力在时间压力与自觉体验之间具有部分中介作用；工作控制在工作需求与自觉体验之间具有部分中介作用。

② 检验结果

本节通过因子分析、方差分析、相关分析、回归分析等实证分析方法对研究假设进行了检验，具体检验结果如表3-45所示。

表3-45　　　　　　　　　　　**假设检验结果**

研究假设	是否成立
H1：工作需求对自觉体验具有显著的正向影响	成立
H1a：角色冲突对自觉体验具有显著的正向影响	成立
H1b：时间压力对自觉体验具有显著的正向影响	成立
H2：工作需求对工作控制具有显著的正向影响	成立
H2a：角色冲突对技能多样性具有显著的正向影响	成立
H2b：角色冲突对决策权力具有显著的正向影响	成立
H2c：时间压力对技能多样性具有显著的正向影响	成立
H2d：时间压力对决策权力具有显著的正向影响	成立
H3：工作控制对自觉体验具有显著的正向影响	成立
H3a：技能多样性对自觉体验具有显著的正向影响	成立
H3b：决策权力对自觉体验具有显著的正向影响	成立
H4：工作控制对工作需求与自觉体验间的关系具有中介作用	成立
H4a：技能多样性对角色冲突与自觉体验间的关系具有中介作用	成立
H4b：技能多样性对时间压力与自觉体验间的关系具有中介作用	成立
H4c：决策权力对角色冲突与自觉体验间的关系具有中介作用	成立
H4d：决策权力对角色冲突与自觉体验间的关系具有中介作用	成立

（2）研究启示与未来展望

① 研究启示

本节通过实证研究，应用数理统计方法分析数据，得到一些中国情境下对组织治理具有普遍意义的启示，主要有以下几个方面：

第一，管理者需要综合工作需求与工作控制两个方面进行工作压力

管理。与传统的人力资源管理相比，当代组织的人力资源管理已上升到
战略层面，而作为其中重要内容的工作压力管理，对于人力资源规划、
培训开发、职业发展、劳动关系与绩效提升等都起到越来越重要的作
用。在工作压力研究领域，JDC模型作为重要的工作压力基础理论得到
了众多学者的认可与推广。JDC模型是以任务内容与环境条件为基础的
分析方法，结构相对比较稳定，测量工具也比较客观。Karasek（1979）
主要关注消极压力，认为压力随工作需求增加而增加，随工作控制降低
而增加。而本节发现，自觉体验这种积极压力与消极压力类似，但又不
完全一样，既随工作需求的增加而增加，也随工作控制的提高而提高，
其中工作控制在工作需求与自觉体验间又起到部分中介作用，由于工作
需求与工作控制的不同组合，会形成程度不同甚至性质相异的工作
压力。

　　实施战略性人力资源规划。在组织战略的指引下，科学把握人力资
源的需求与供给，防止招聘过量造成组织人浮于事，即工作控制大于工
作需求，此时员工可能产生厌烦与倦怠；也要避免人员不足导致任务太
重，即工作需求高于工作控制，此时员工可能感觉时间压力过重或角色
冲突剧烈。这些都可能使员工产生消极工作压力，因此人员数量的多少
也决定着员工的工作压力强弱。组织决策者应站在战略高度对人力资源
进行统筹，努力平衡人力资源的需求与供给，让工作需求与工作控制适
当匹配，使员工的工作压力处于科学合理的水平。

　　进行科学的工作分析。通过工作分析，能够对组织中各岗位的要求
与完成各工作的员工素质进行合理描述，形成工作说明书和工作规范。
管理者可以应用简单但实用的JCQ（Job Content Questionnaire）量表对
各人事匹配情况进行测量与评定，以此作为工作压力管理的基础。对于
人事不匹配的情况，无论工作需求高于工作控制还是工作需求低于工作
控制，都易于产生消极的工作压力。管理者可以重新定岗，适当调整员
工的工作需求与工作控制匹配情况，使员工的时间压力合适，角色冲突
不至于太剧烈，技能得到应用，并能参与到组织的日常经营中，避免工
作压力的消极作用，促进自觉体验等积极工作压力的发生。

　　规划员工的职业生涯。很多时候，员工对自己的职业生涯发展路径

不清楚，进而失去持续工作的动力。当工作需求与工作控制失衡时，员工没有动力去向上级反映或自我调整这种不利状态，长期这样就会形成消极工作压力，导致怠工、缺勤、离职等问题的出现。管理者应该为员工规划清晰的职业生涯发展路径，使员工对组织产生归属感。此时，当时间压力与角色冲突发生时，员工也能分清工作的轻重缓急，不会过于担心甚至焦虑。当技能不够或无权决策时，员工也会主动学习与适应，为预期的职业发展目标努力。这样，即使工作需求与工作控制失衡，员工也有主观动力去减少消极工作压力或增加自觉体验。

第二，管理者不应只关注消极压力，更要重视自觉体验等积极工作压力。工作压力分为消极与积极两种，管理者不应只想降低焦虑、倦怠、离职等消极压力结果，而一味降低工作需求并提高工作控制，因为这很有可能打破个体的挑战与技能平衡，造成自觉体验等积极压力结果难以实现。工作压力有利有弊，对组织的效率与绩效有着重要影响。当今市场环境充满不确定性，在这种情况下，员工承担的任务加重、挑战提高，必然会产生工作压力，但高挑战的工作有时更利于产生自觉体验，进而实现组织绩效提升与员工满意增加。简单重复的工作虽然能够减轻压力，但易于使人产生厌倦，长此以往就会降低工作绩效。在一些先进高效的大型跨国企业中，员工虽然面临末位淘汰，承受竞争压力，但也更真实地体会到高压力下对工作全身心投入的乐趣，亦更认同工作机会的稀缺性与价值。组织在日常运营过程中不应该仅关注减少消极工作压力，而更应该思考通过哪些方法可以促进自觉体验等积极压力的产生。

开展专业、有效、持续的培训开发。通过对员工进行培训开发，可以使他们掌握与工作有关的最新知识与技能，即提高员工的工作控制。随后，适当增加工作需求，使员工新学习的知识与技能得到应用，即工作需求与工作控制相匹配，促进员工自觉体验状态的产生。另外，针对积极工作压力的专门培训，使员工正确面对工作压力，通过主动性的发挥、价值观的转变，驱动员工有意识地为进入自觉体验状态而努力。具体地，通过时间管理、角色转换、技能延伸、参与决策、心态调整等方面的课程，可以有效提高员工的硬性能力与软性素质。然后，对经历过自觉体验的员工进行调研，总结反馈，为后来的培训开发提供经验归纳与案例支持。

实施公平、透明、恰当的激励机制。若想让员工产生组织所期望的压力状态，可以根据员工的某些需要设置特定目标，并通过目标导向使员工出现有利于实现组织目标的优势动机，并按照组织所需要的方式行动。由于激励机制是公开透明的，员工会对组织产生认同心与安全感，认为自己在工作上的付出是有收获的。在这种情况下，当工作控制高于工作需求时，员工的能力虽然没有得到充分发挥，但根据按劳分配的原则，员工对于获得的薪酬也易于接受，并通过调整工作控制促使压力维持在适当位置，但这种情况长期下去就会出现离职等问题，所以要给予充分注意。而当员工面对的工作需求较高时，虽然承受的工作压力较大，但可以在一定程度上通过技能的自我开发与心态的自我调节实现对工作控制的调整，通过工作控制在工作需求与自觉体验间的中介作用，促使消极压力向积极压力转变或直接产生自觉体验。

营造积极、团结、卓越的组织文化。组织文化具有导向、约束、凝聚、激励与辐射等功能，健康的组织文化会产生与工作相关的社会支持，这有助于形成和谐的人际环境，推动高效组织的产生。当个体面对的工作需求较高时，通过组织的凝聚力，使员工之间彼此支持、相互协作，缓解时间压力与角色冲突造成的问题，增加技能多样性与决策权力的范围，弥补个体技能的不足和资源的缺失，进而促进员工的工作需求与工作控制处于相对平衡状态，使工作压力处于积极状态，形成自觉体验。组织文化的辐射作用，会使其他没有经历自觉体验的员工也逐渐进入自觉体验的工作状态。

第三，员工应该提高自身的综合素质以有效应对工作压力。为实现组织整体的战略目标与员工个人的职业发展，对员工的压力管理不应仅局限于组织层面，工作压力作为一种员工自身的主观感受，员工自己也应主动对工作压力采取应对策略。中国人力资源管理实践在借鉴西方管理理论的同时，不仅要突出中国情境的特色，更应该关注中国员工的东方个体特性。工作压力涉及个体的心智、认知、情绪等多方面，只靠组织从外界的干预很难达到压力管理的预期目的。工作需求与工作控制的相互作用会形成工作压力的不同状态，组织管理具有时滞性，当消极工作压力产生时，员工自己是最先感受到的，而管理者并没有发现，如果此时员工既不向组织反映也未自行解决，一段时间后必然会产生问题，影响组织的效率与绩效。因此，当工作需求与工作控制失衡时，员工自身的调节就显得非常重要。而员工自身对工作压力的调节主要通过工作控制，即工作控制在工作需求与自觉体验间的中介作用。

增加知识与技能。在现实工作中，相对出现较多的情况是工作需求高于工作控制，此时会产生担心、焦虑、疲惫等消极反应，这一方面是由于管理体制等方面的问题，另一方面是因为员工没有与时俱进地增加自己的知识与技能，不能有效适应变化、无法解决问题。当今社会大力提倡学习型组织的建设，在这种大环境下，员工通过主动学习与调整，可以增加技能多样性，提高隐性的决策权力，而这些能够显著增强工作控制的中介作用，有效协调时间压力与角色冲突，使挑战与技能处于恰当的平衡位置，不仅有助于消极压力的减弱甚至消失，更有利于自觉体验的出现。

提高心理资本。心理资本是指人的积极心理状态，主要包括自我效能、希望、乐观与韧性四个方面（Luthans，2004）。心理资本具有易发展、易改变的特性。通过提高自我效能，可以使员工面对较高工作需求时，激发出自己的潜能；借助增加希望，能够使员工经历时间压力与角色冲突时，加速自身的成长；通过保持乐观，可以使员工敢于承受工作压力，主动迎接挑战；借助加强韧性，能够使员工持续学习，提升自己的知识与技能。可以看出，提高心理资本能够对员工产生积极影响，使员工自身隐性的工作控制提高，有利于员工经历自觉体验，增强工作上的成就感。

关注组织发展。市场环境的不确定性，使组织可能产生变革，就会带来工作需求与工作控制的调整。如果员工不关注组织发展，被动地接受变革，会产生不适应性，员工将发现时间压力较大，角色冲突剧烈，进而出现消极的工作压力。因此，员工应该关注组织发展，将自己与组织结成命运共同体，当组织发生改变时，自己也会随着改变，预见性地调整自己的时间与角色。当工作需求增加时，勇于迎接挑战，强化工作动力；当工作控制增加时，发挥其中介效应，促进自觉体验的产生与持续。

②未来展望

对JDC工作压力模型及自觉体验的有关研究，国内学者探讨相对较少，但可以乐观地预见到将来会有更多的学者对此方面进行关注与探讨。针对本节存在的上述局限性，未来的研究可以从如下几个方面进行：

第一，增加样本广度。未来研究应进一步扩大样本的覆盖范围，尽量涉及多个地区、多个行业的大量组织。本节的样本容量相对较小，在一定程度上影响了研究结果的显著性水平，后续研究可通过扩大样本量以进一步验证本节结果的正确性，或加以修正，使研究的结论更具普遍意义与指导价值。

第二，采用多种方法。本节采用问卷调查法分析工作需求、工作控制、自觉体验三者之间的关系，但这只限于理论上的推演。未来更深刻的研究意义有待于案例研究、实地访谈、现场观察等方法加以完善，从而使研究的结果更具有科学性与实践性。

第三，本节包括一些新兴研究领域，但部分构念的研究相对都不是很成熟，有很多需要完善和修正的地方。例如，组织行为学领域的研究中存在忽视"取长"、重视"补短"的倾向，对消极情绪的研究多于对积极情绪的研究，因此积极组织行为学应该是未来的一个重要研究方向。

第4章　人才发展

4.1　基于成果导向的人才发展逻辑

4.1.1　问题提出

为积极响应党和国家的号召,以优异成绩向建党百年献礼,高等院校积极开展各类本科课程建设活动,重视将课程思政融入日常教学和人才培养活动之中。在新时代,高等院校要坚定不移地执行党的路线方针政策与教育决策部署,促进本科课程建设在专业发展和提升人才培养质量等方面可以发挥关键作用。形成一系列具有创新性、高阶性与挑战性的本科课程是高等院校开展教学活动的内在指引,关系到整个教学发展过程。教育部提出了"双万"计划,以课程建设作为核心,打造"金课"来建设一流本科课程群,推动人才优质培养,实现教育教学质量提升(蒋晓蝶,2020)。成果导向的英文表达是 OBE(Outcome based Education),是一种以成效和结果为导向的教育理念,通过成果导向开展人才发展即是对人才培养进行重新定位与聚焦，整个教育过程围绕学习成果来实施。具体而言，人才发展的目标或者学生取得的学习成果是什么？人才发展的实践要求或者学生取得预期成果的原因是什么？人才发展的实施过程或者帮助学生取得学习成果的方式是什么？人才发展的成果评价途径或者学习成果的检验手段是什么？人才发展的提升路径或者学习成果的保障机制是什么？通过回答与解决这些问题，可以打破传统的人才发展理念，将学生综合能力的培养水平提升到一个新层次。因此，一流本科课程建设既要做好课程规划，扎实推动建设进程，又要保障专业内容得到充分体现，明确目标导向，增强大学生的政治认同，全面加强课程思政建设。本节以校级一流本科课程"薪酬管理"为例，以课程建设作为人才发展的切入点，基于课程思政要求，探讨基于成果导向的人才发展逻辑，以期得到一些有价值的研究启示。

4.1.2　内在要求

"薪酬管理"课程是管理类专业的关键课程，是组织吸引人才、激励人才与保留人才的重要方法，包括薪酬战略、基本薪酬、激励奖金、员工福利与薪酬诊断等内容。对于薪酬分配理论，引导学生明白坚持"按劳分配为主体，多种分配方式并存"的原因所在；对于技能薪酬设计，强调促进学生不断提高综合能力，具有大局思维，为社会主义建设贡献力量；对于员工福利部分，帮助学生认识到中国特色社会主义制度的优越性。诸如这些要点都课程建设中需要重点关注的。本节以校级一流本科课程"薪酬管理"课程为例，基于成果导向的人才发展内在要求主要包括四个方面：

（1）人才发展方向应该进一步明确主线。确立本科课程建设的整体方向，在高等院校教育教学发展中具有至关重要的作用。课程是知识传播与人才培养的重要基础，高校以人才培养目标为指引，对课程及其内部要素进行动态排列组合形成课程体系（娄淑华和马超，2021）。在传统教学理念下，本科课程的建设模式相对单一，各类课程在建设方向上存在着不同程度的发散问题，主线不够清晰，没有充分在教育教学的各个层面聚焦成果导向。课程思政，既是要求，也是需求。"薪酬管理"

课程涉及内容较多，会对学生的就业选择与职涯发展产生深远影响，在授课过程中倘若未能以学生为中心深入贯彻落实党和国家的方针政策，则易于造成课程思政达不到预期效果。如何更有效完成教育教学的根本任务和培养时代新人的要求？课程思政怎样与专业课程建设更为深入地结合起来？如何在世纪疫情叠加百年未有之大变局的情况下加强民族团结进步教育？诸如此类问题都是学者们重点关注的。随着经济社会的不断发展，"薪酬管理"课程需要与时俱进，而明确课程的建设方向正是前进的重要前提和基础。只有明确"薪酬管理"课程的建设方向，各类教育教学资源才能更好地汇聚到一起，形成健康的发展局面与趋势，帮助大学生理解全面薪酬的深刻内涵，促进学生树立正确的物质观和金钱观，快速进步与成长，从而符合社会主义接班人的要求，为中华民族的伟大复兴贡献青春力量。

（2）人才发展体系建设务必紧紧围绕根本任务。教学体系的完善程度直接决定着人才发展质量的高低，而教学体系需要紧紧围绕根本任务建设。课程思政建设需要明确思政点且细化思政目标，达成以"五育并举"统领专业教学目标与思政教学目标，全面体现专业课程与思政教育的系统融合（谢幼如等，2021）。当前很多高校的"薪酬管理"教学体系和课程思政体系是不够完善的，薪酬战略、薪酬结构、薪酬水平与员工福利等模块之间的思政联系性不够，缺乏以成果为导向来设计课程思政内容，这就导致教师与学生对课程的理解和重视程度存在差异。与此同时，由于"薪酬管理"课程体系的建设路径较为模糊，造成教师备课注意力发散和积极性降低，这也在一定程度上降低了学生的学习兴趣。课程思政已由起初的思想政治理论课延伸，发展成巩固与改善思想政治工作的关键抓手（毛海军和郑世林，2020）。另外，在人才培养方面没有及时迭代的培养方案，使得学生将理论应用于实践的能力不够。本科生的教育对社会而言十分重要，大学生是国家的未来、社会的栋梁和民族的希望，因此需要完善"薪酬管理"课程体系，加强课程思政建设，明确课程的核心与本质，整合教学资源来进行课程聚焦设计，如此才能充分发挥出"薪酬管理"课程思政的特色和优势。

（3）人才发展的教学内容与方法需要科学创新。课程建设的形式需要多元与多样，否则无法满足社会各界的需求。实践是检验真理的唯一标准，但现行课程内容与方法建设的实践性不够强，很多局限在教材本身，没有充分结合学校定位和学生特点设计课程，造成学生对现实的适应能力未能得到充分锻炼。高等院校的政策理论与爱国教育绝不是形式上的学习，要在教育教学的各个环节都深刻体现。课程建设内容与方法要实现升级与创新，教师不可墨守成规，简单枯燥的课堂内容自然达不到预期的教学效果，造成教学流于形式的问题。基成果导向，"薪酬管理"课程建设应满足社会需求，从各个角度完善课程建设，增强教师的使命感与学生的参与度。由于新冠肺炎疫情的影响，很多课程都转为线上授课或混合式授课，数字技术和网络元素充分融入课程，实现了"天涯若比邻"的古老梦想，帮助学生足不出户就可以受到谆谆教诲。新兴技术产生便利的同时，也带来了一些挑战。例如，在线上线下相结合的混合式教学中，如何让学生深刻认识到德才兼备的重大意义并自觉践行？怎样创新性地将专业知识讲授与民族团结进步教育有机结合起来？课程思政与混合式教学如何深度融合？这些问题都亟待解决。

（4）人才发展的监督与评价要能跟上时代发展。《淮南子》有云，"矩不正，不可为方；规不正，不可为圆。"基于成果导向的"薪酬管理"课程思政监督与评价要实现规范化和时代化，这是保障课程建设有效进行的重要前提。高校对课程在"立德树人"方面的监督力度仍需加强，同时缺乏科学性、合理性、有效性与系统性的课程评价会造成教学理念与教学实践无法真正对接。在很多本科课程开展过程中，重视知识结论，忽视原理过程推导的"填鸭式"教学现象仍然存在，教学思维与教学质量没有及时更新。在这样的背景下，高等院校需要以监督促执行，以评价促建设，推动课程监督与评价及时跟上时代发展，对教学过程进行有效反馈与调节。高校教师要常思常修为师之德，为学生尽心竭力，做到无愧于心。教师的言行深刻影响着学生的态度与行为，学生的表现很多来自教师的讲授，因此规范授课方式，加强对教师与学生的双向教学监督和评价，对于开展基于成果导向的人才发展具有深远意义。

4.1.3　发展逻辑

高校应该顺应时代发展趋势，借助理论研究促进教育实践工作，系统完善教学方式，积极推进一流本科课程建设。需要指出的是，"薪酬管理"课程思政应在习近平新时代中国特色社会主义思想的指引下，在社会主义核心价值观的基础上，把"立德树人"作为教育的根本任务。基于成果导向的人才发展逻辑如下：

（1）基于社会主义核心价值观明确人才发展方向。通过"薪酬管理"课程改革，深入贯彻成果导向，开展课程思政工作，在各个层面努力完成立德树人的根本任务，建设方向是培养德智体美劳全面发展的社会主义建设者和接班人，并始终遵循这一教育教学工作主线。坚持学生为本、成果导向和持续改进能够促进高等院校专业教育质量在思想、制度和文化等方面的提升（张男星，2019）。结合高等院校和本科生的特点，做好人才发展规划，特别是对战略性薪酬管理与薪酬理念的讲授，帮助学生牢固树立社会主义核心价值观，稳步推动课程建设进程，在充分调动学生积极性的基础上实现预期目标。同时，将现代数字技术和混合式教学元素充分融入"薪酬管理"课堂，努力打造出具有时代性、数字化与专业度的一流本科课程。同时，通过借鉴先进教学案例与做法，规范课程体系与教育载体，不断改进和升级教学内容，保证"薪酬管理"课程的建设方向始终正确、科学与合理。此外，从教学准备阶段就认真审视一流本科课程的教学工作，特别是加强教学体系建设。在马克思主义中国化的基础上，"薪酬管理"课程应结合思政工作现状与学生表现实事求是地开展课程建设与讲授工作，既重视结果产出，也不忽视过程管理。其中，思想政治教育是课程思政的重要推动力量，民族团结进步教育理论与实践是新形势下基于马克思主义本质的构建成果，对于在高校师生之中推进课程思政建设具有显著作用。

（2）围绕"立德树人"推进人才发展体系建设。高等院校的立身之本是立德树人，并在此基础上重视教学的工作规律与内在机制，细化分解高质量发展过程中的挑战并积极应对，不断推进与巩固本科课程体系建设与改革成果，最终实现课程的真正一流化。在汇聚多元文化的高等院校之中，"薪酬管理"课程需要以终为始，积极完善和提升课程思政能力，重点是薪酬分配理论与薪酬激励理论，在拓展过程中充分发挥课程思政的支撑和引领作用，进一步体现课程思政的必要性，高度彰显爱国爱社会主义和民族团结进步的教育理念。此外，"薪酬管理"课程需要将成果导向作为教学切入点，优化并整合课程内容，关注学生成绩的同时亦要在教育过程中不断深化党的教育方针，加强对教学工作的审核，时刻不忘立德树人的根本任务。通过标准化的考核，将成果导向嵌入到"薪酬管理"课程建设之中，推动一流本科课程持续高质量发展。在实施教育过程中改变传统的强调理论讲授、将教师作为中心的教学模式，打破课堂讲授的限制，建立起以学生为中心的教学理念，让学生真正参与到教学过程中（杨玉文和张树安，2014）。围绕"薪酬管理"一流本科课程的设计要点，在充分发挥高校特色和政策优势的基础上加强精神文明建设，改善战略性薪酬管理、薪酬水平、薪酬结构与奖金管理等教学模块与流程，持续提高学生的思想认识水平与专业知识能力。借助各类主题文化活动，精准宣传和传播社会主义核心价值观，更快更好地提升人才发展水平。

（3）利用数字资源完善人才发展的教学内容与方法建设。围绕"双万计划"促进一流本科课程建设，着眼于教育理论创新与教学方法变革，深刻认识到课程思政的重要性与紧迫性，整合线上与线下各类教育资源，在"薪酬管理"课程内容与教学方法上深化改革。传统的教学方式和融入现代信息技术的在线教学将长期存在，引起学习革命并推动人才培养的质量变化（韩筠，2020）。为了更好地将"薪酬管理"课程中的专业理论与党的方针政策融合发展，教师应该根据学生的未来发展需要，坚持成果导向，精准获悉学生在学习成长过程中的疑难重点，开设主题教育讲堂，加强基础理论教育，明确教学方向，强调薪酬管理专业技能实训系统的应用，避免教学形式化的现象出现。同时，教师需要脱离教材的固化框架，在教学改革中始终坚持立德树人，为一流本科课程输入新的动能与活力，挖掘"薪酬管理"课程思政的潜能，通过案例分析、在线微课、角色扮演与思维导图等方法提高学生的积极性，使学生在接受教育的过程中，将爱党爱国的种入深深埋入心底。为了达到增加教学质量的目的，要适应现代网络传播规律，吸引更多的学习者进行线上学习，要从课程设计之初就树立数字包装理念，用技术服务和美化课堂（高畅，2020）。需要指出的是，教师的使命感与尽责性是实现一流本科课程建设的重要保障，这就需要充分利用各类数字教学资源，真正保障"薪酬管理"授课质量，推进相关课程协同，努力完成一流本科课程的建设目标。

（4）实施混合式教学监督与评价以促进人才发展改革升级。"薪酬管理"课程需要明确培养目标并对课程建设的效果进行有针对性的监督，并对课程设计的思政性与有效性开展系统评价。进一步讲，要对整体目标的实现程度开展线上与线下的混合式监督，特别是关注立德树人，不断完善和提升课程质量，实现高效教学方法与正确教学观念的有机对接，形成与时俱进的课程体系。此外，不能忽视对实践教学环节的监督评价，可以构建基于企业需求金字塔模型的"薪酬管理"课程实验教学体系（张霞和胡建元，2014）。同时，识别出课程建设过程中的不足之处，高校应在建立起严谨考核体系的基础上，设立教学监管平台，实施全过程管理。把工作重心确定为立德树人，以学生为中心，逐级逐步对教师在教学方面的进程系统规划，通过直接监督教学情况，重视高质量一流本科课程建设。注重教学监管有助于增加教师对课程的准备度与投入度，同时从实际出发，制定工作指标与标准，在"薪酬管理"课程中上实现对学生的政治思想引领作用，改进教学模式，构建育人路径，实现树立社会主义核心价值观方面的信息共享，努力实现各个阶段的教学目标。在课程结束后及时对教学结果进行混合式评价和总结，通过线上问卷与线下访谈等形式进行，与成果导向相呼应，实现教学过程中学生学习态度及教师授课质量的良性反馈，作为后续教学改革的依据，有利于提高人才发展质量。

4.1.4 结语

迎接建党百年华诞之际，在混合式教学方式逐渐普及的背景下，"薪酬管理"课程应该深入贯彻"立德树人"观念并融合"数字化"技术，以促进基于成果导向的人才发展建设。具体而言，基于社会主义核心价值观明确人才发展方向、围绕"立德树人"推进人才发展体系建设、利用数字资源完善人才发展的教学内容与方法建设、实施混合式教学监督与评价以促进人才发展改革升级。"薪酬管理"课程要以学生为中心，确立与时代相适应的成果导向，从专业、课程与课堂教学三个维度上切实厘清怎样在教和学过程中坚持成果导向，并基于此将课程思政更加科学合理地融入专业教育之中，把原有的讲授式教学转变为更加丰富多彩、更具创新性和挑战性的一流本科课程，真正提升本科教学水平与人才培养质量，并对其他课程的建设起到积极作用，培养出国家需要的社会主义接班人。

4.2 创新创业视角下的人才培养模式

4.2.1 问题提出

随着环境变化和理论发展，创新创业教育研究的专业化水平不断提高，并呈现出民族性与时代性的显著特点。中国已进入教育数字化发展的新时期，在转型升级的关键阶段，创新创业教育经历着由企业自身开发至校企合作培养，从问题解决到理念变化，自技能提升向思维跃迁的全面变革。党的十九届五中全会强调"建设高质量教育体系"，2021年全国教育工作会议指出"推进大众创业、万众创新向纵深发展，促进产学研用深度融合"，这为创新创业教育的改革发展指明了方向与路径。2020年11月发布了《教育部关于公布首批国家级一流本科课程认定结果的通知》，课程名称中含有"创新创业"四个字的课程有数十门，这表明创新创业教育得到了权威层面的大力支持与专业人士的普遍认可。与此同时，"薪酬管理"作为人力资源管理专业的必修课程，包括薪酬战略、基本薪酬、激励奖金、员工福利与薪酬诊断等内容，理论性和实践性皆相对较强，其与创新创业教育在内容与结构等方面具有内在一致性。以企业应用为例，如何激发出员工的创新意识？怎样激励员工在企业内部进行二次创业？员工进行创新创业行为的驱动力是什么？这些创新创业问题都和薪酬管理紧密相关，需要设计科学合理的薪酬体系予以引导和管理。高等院校"薪酬管理"课程的教授对象是大学生，重点是关注知识技能的讲解、管理潜力的挖掘与综合素质的提高。教学改革是一项长期工程，在培养方案、课程设计、能力要求和实践平台等方面都需要系统安排与资源整合。那么，在 VUCA①环境下，创新创业视角下的"薪酬管理"课程建设路径与其他课程有何不同？人才培养怎样实现从高校到用人单位的无缝衔接？"薪酬管理"课程如何适应数字经济时代的发展要求？诸如此类问题都亟待解答。有鉴于此，本节以"薪酬管理"课程为例，研究创新创业视角下的混合式课程建设路径，以期为相关理论研究和现实践行提供参考与借鉴。

4.2.2　人才培养模式

组织变革已成为企业在新时代发展所必须具备的能力（林忠等，2016），新冠肺炎疫情的出现又对人才的创新创业水平提出了新挑战，本节从理念、内容、方法与评价四个方面分析创新创业视角下的人才培养模式，这四个方面也正是当下教育教学改革的应有之义与内在要求。

（1）以创新创业为教学理念。培养学生的创新思维和创业精神既是新时代发展的需要，也是新商科教育立德树人的重要目标（徐永其等，2020）。在数字经济时代，薪酬管理实践面临着创新变革、内部创业与信息超载等挑战，高等院校可以基于创新创业视角推进"薪酬管理"的混合式课程改革，坚持以学生为中心和以教师为主导，融合线上和线上两个平台，以新时代大学生应该具备的创新创业素养与薪酬管理能力为出发点，来组织与实施各个授课环节，重点不是教师的授课想法，而是学生的学习结果以及满足创新创业的要求。在创新创业视角下，对"薪酬管理"课程的实操性要求更高，应该通过线下的研讨交流、文件筐测验与结构化访谈以及线上的专业问题识别与管理风格评估等多种方式相互佐证，以增加课程的生动性和互动性。以创新创业为导向，快速确认学生的知识储备现状，同时明确教学重点和难点，这有助于教师制定出更加符合实际的课程大纲和教学方案，集中发展具备创新创业能力的薪

---

① VUCA 是 Volatility（易变性）、Uncertainty（不确定性）、Complexity（复杂性）和 Ambiguity（模糊性）的缩写。

酬管理人才。同时，将"薪酬管理"课程和人力资源管理的其他模块精准衔接，将作业结果及时反馈给学生，并结合测评结果帮助学生明确其长处和短板，增强学生的创新意识与创业精神，使其就业后可以推动薪酬管理对人力资源管理战略和组织战略起到强力支撑作用。中国目前正面临着新生代逐渐成为劳动力队伍主力军的现实情境，可以采用平等对话的教练式教学、多给予实现结果的挑战而少硬性督导与安排、弹性灵活的教学方式、构建成长地图、正向创新激励和助力创业梦想等方式促进学生的健康发展。

（2）依托数字经济完善课程内容。在大数据、云计算、区块链与人工智能等数字技术飞速发展的当今时代，依托数字经济完善"薪酬管理"课程内容是教育环境变化和教师角色转型的必然趋势。教师课程理解是人工智能时代人类教师何以为师质的规定性，是人类教师的核心存在方式（李栋和杨丽，2020）。传统"薪酬管理"的课程内容大多围绕职位薪酬、绩效薪酬、能力薪酬以及一些新出现的管理理论展开，对从高校到就业单位的理论过渡与衔接关注不足，导致众多大学生忽视在校期间的创新创业能力提升，仅重视期末成绩，使得新入职员工的业务能力符合要求，但创新创业素养严重不足，造成组织在提拔年轻干部时经常找不到合适人选。创新创业视角下的"薪酬管理"混合式课程是在传统教学资源基础上继承和发展出的一种新型内容获取和应用方式，聚焦反映在工资理论、人员素质与激励方法等方面实施的教学活动，可以尝试从创新驱动、创业发展与课程思政的角度展开。创新创业视角下的"薪酬管理"混合式课程内容包括一系列知识与技能，如强调学习成果的知识要点、聚焦薪酬体系设计的实操技能、及时更新的热点视频、当下人们关注的新鲜案例、与组织和个体密切相关的工资政策、重视学学相长（即学生和学生之间通过在一起上课、讨论，共同成长和进步）的练习与反馈等，这些升级后的内容形成了一个交互开放的数字教学生态环境，形成"薪酬管理"课程数据库，从而为学生提供内容丰富且形式多样的优质课程，有助于激发学生提升创新创业素养的内驱力，进而应对现实中的创新难题与创业困境。此外，完善后的"薪酬管理"课程内容会重塑教师与学生的角色定位，一方面，数字技术嵌入"薪酬管理"

课程可以为学生提供更为个性化的学业规划路径、生成内容翔实的学习报告、统计分析测评数据等；另一方面，满足数字经济发展要求的"薪酬管理"课程能够促进授课教师之间、教师与学生之间、学生与学生之间的沟通协作，加快知识内容的创新迭代和创业扩展。

（3）应用深度混合的教学方法。混合式教学是一种将在线教学和传统教学优势结合起来的线上线下教学模式（毛海军和郑世林，2020）。开展创新创业视角下的"薪酬管理"混合式教学，既要体现出培养学生核心能力的要求，也要具有深度学习的特征，将课堂面授的普及性与网络在线的个性化相结合。对于线下学习，教师组织学生开展以解决真实薪酬管理问题为目的探索式学习，实施班级内与小组内的对话与讨论，凭借沟通协作实现方案共创、情感共鸣与能力共长，进而提高学生的综合素质，重点是在引导学生建构新知识的同时，潜移默化地培养学生的创新思维和创业能力。对于线上学习，教师应该借助有效的微课教学，帮助学生理解薪酬管理的基本原理，掌握创新创业素养的提升方法，并通过网络回答学生的个性化问题，针对有价值的共性问题进行再次备课，为之后线下教学做好充分准备。同时，由于"薪酬管理"课程特别强调实践性，除了线上与线外的混合之外，还包括学习与实习的混合。实际上，学习与实习相结合的"薪酬管理"课程是一种嵌入式教学或者行动学习。实际上，实习本身就是学习，可以通过诸如经验分享、工作总结、业务创新与迁移训练等方法深入推动。此外，将"薪酬管理"微课程、导学案（即引导学习的方案，导学案是教师为指导学生进行主动学习而编制的有学习目标、学习内容和学习流程的学习活动方案）与思维导图等工具混合运用，可以给学生焕然一新的视听冲击，以调动学生在"薪酬管理"课程学习上的思辨力和积极性。值得注意的是，线上与线下的深度混合应用可能涉及隐私保护问题，在编写线上程序时不能有主观偏见。而且，数字技术的快速发展，可能增加人们对工具的依赖性，削弱执行某些任务的能力，这方面要给予足够的重视。

（4）开展全面准确的教学评价。创新创业视角下的"薪酬管理"混合式教学发挥预期作用的前提是推动前沿教学思路、优质教学资源与有效教学方法的整合转型，其中不可忽视的是课程评价的全面准确实施。

高等学校创新创业教育质量评价的核心是使高等学校的创新创业教育战略能够落实为具体行动（黄兆信和黄扬杰，2019）。创新创业视角下的"薪酬管理"混合式教学评价应该克服传统课程纸笔考核的费时与低效等弊端，强调在线测试与视频上传，有助于统计分析与回看复盘。在当今新时代，课程评价不应仅限于使评价更为客观和有效的传统目标，而应包括更为广泛的目标，从多个维度实现转变与创新。具体而言，从简单的成绩至上思路转为在社会、教育与管理等领域受到尊重与认可的创新创业视角；从过去的结果评价转为更敏捷、更落地的形成性评价，为后续的教学活动提供信息支持；从回答问题或小组展示转为更为真实的情境表现，涉及更复杂的环境和更长的时间，以提高学生的学习力和适应力；从间断与孤立的测评报告转为持续更新薪酬管理学习轨迹的全面评价。此外，对于具有普遍意义的薪酬管理问题与案例，可以将知识吸收与内在建构相统一，以重点突破和思维逻辑相协调，把过程评价与结果评价相结合，将定性评价和定量评价相统一，增强课程评价的多样化与可操作性。其实，评价本身就是提升学生创新创业素养过程的一部分，换句话讲，评价即培养。倘若评价方式不当，很可能把学生往功利主义者方向引导，这就违背了新时代教育的初衷和本意。

4.2.3 结语

在"百年未有之大变局"的今天，一些教育教学的深层次、结构性问题逐步凸显。一直以来，经济管理类课程因为受到自然科学与现代理性的影响，在教学上存在着重工具性而轻价值性、重预设而轻生成、重实体而轻关系的倾向，这使得专业课程的教学研究与管理实践相脱离，难以达到人们的期待，因此亟须开展基于创新创业视角的"薪酬管理"课程建设。此外，作为专业教学与数字技术相融合的重要载体，混合式课程是综合应用各种教育理论、学习规律与传播方法，将传统教学与线上教学等方面结合起来，这样构建出来的学习平台更有助于高阶目标的实现，但同时对学生与教师提出了更高要求。创新创业视角下的"薪酬管理"混合式课程强调创新创业应用，关注混合式技术手段，并基于数字经济现实将二者系统融合，是集班级讲授的群体优势和网络学习的个性特点为一体的全新模式。创新创业视角下的人才培养模式是以创新创业为教学导向，依托数字经济完善课程内容，应用深度混合的教学方法，开展全面准确的教学评价，从而培养出社会主义的合格建设者和可靠接班人。相关部门需要根据经济管理人才的教育规律，做好课程思政、内容设计、方法混合、服务支持与网络安全等工作，着力保障创新创业教育的成果，不断促进专业课程建设的创新与优化。

4.3 人力资本与制度领导力的交互影响

4.3.1 问题提出

党的十九大报告明确提出实施乡村振兴战略，并在 2018 年发布的《中共中央 国务院关于实施乡村振兴战略的意见》（以下简称《意见》）中对实施乡村振兴战略进行了全面部署，指出"实施乡村振兴战略，必须破解人才瓶颈制约。要把人力资本开发放在首要位置，畅通智力、技术、管理下乡通道，造就更多乡土人才，聚天下人才而用之"。随后，党的十九届四中全会通过的《中共中央关于坚持和完善中国特色社会主义制度、推进国家治理体系和治理能力现代化若干重大问题的决定》（以下简称《决定》）再次强调"实施乡村振兴战略，完善农业农村优先发展和保障国家粮食安全的制度政策，健全城乡融合发展体制机制"。因此，在实施乡村振兴战略过程中，要切实发挥出人力资本优势，有效配置并合理使用人力资本，从而推动"农业强、农村美、农民富"目标任务的顺利实现。但需要注意的是，新冠肺炎疫情对中国经济造成了显著影响，再加上中国本就面临人口逐渐老龄化等结构性问题所导致的中长期经济下行压力，二者共同作用之下使得中国经济确实面临较为严峻的形势与挑战。而且随着国际范围内疫情的持续蔓延，世界经济的下行风险也在加剧，不稳定与不确定因素明显增多。中国在现阶段的疫情防控中取得了明显成效，但在后疫情时代，面对乡村振兴战略不断推进、

脱贫攻坚取得全面胜利①、新经济新业态加快发展等历史机遇，提升并
保持乡村长期发展的人力资本优势就变得十分必要和重要。与此同时，
党的十九大报告又明确指出，"党的基层组织是确保党的路线方针政策
和决策部署贯彻落实的基础"。显而易见，以党组织为核心的农村基层
组织是广大乡村地区的关键领导力量，是实现乡村振兴战略的重要保
障，因此在加强和巩固党的领导地位的同时必须提升基层组织的领导力
与战斗力。然而，当前我国农村青壮年劳动力尤其是男性劳动力大量外
流，农村社会精英加速流失，村庄内部领导力供给严重不足（王亚华和
舒全峰，2018）。那么，在这样的背景下，怎样有效发挥乡村基层组织
的领导功能从而确保人力资本在乡村振兴战略中能够真正起到促进作
用，已成为当前亟须解决的现实问题。2018年中央一号文件《意见》
强调，"实施乡村振兴战略，必须把制度建设贯穿其中"。《乡村振兴战
略规划（2018—2022年）》进一步指出："到2020年，乡村振兴的制度
框架和政策体系基本形成，各地区各部门乡村振兴的思路举措得以确
立，全面建成小康社会的目标如期实现。到2022年，乡村振兴的制度
框架和政策体系初步健全。"基于此，本节将制度领导力理论创新性地
引入人力资本与乡村振兴的研究领域，探究人力资本在助推乡村振兴过
程中制度领导力如何发挥交互影响效应，从而得出一些有意义的研究结
论和政策启示。

4.3.2　理论基础

制度领导力（Institutional Leadership）来源于组织领导者的制度工
作，其关注重点是制度如何在组织中发挥领导力的作用，更聚焦于组织
内部制度（Institution），而非组织场域的广义制度（System）。进一步
讲，制度领导力是组织与领导者通过和制度情境之间的互动来形成组织
层面的领导力，借助制度的规制性、规范性与文化-认知性对组织和个
人形成约束和激励作用，降低个体领导力的不确定性与模糊性，增加稳

---

①　2021年2月25日，全国脱贫攻坚总结表彰大会在北京隆重举行。经过全党全国各族
人民共同努力，在迎来中国共产党成立一百周年的重要时刻，我国脱贫攻坚战取得了全面胜
利，现行标准下9 899万农村贫困人口全部脱贫，832个贫困县全部摘帽，12.8万个贫困村全
部出列，区域性整体贫困得到解决，完成了消除绝对贫困的艰巨任务。

定性和持久性，从而实现组织内部的一致性，促进组织的健康发展（代江虹和葛京，2020）。党的十九届四中全会发布《决定》强调："各级党委和政府以及各级领导干部要切实强化制度意识，带头维护制度权威，做制度执行的表率，带动全党全社会自觉尊崇制度、严格执行制度、坚决维护制度。健全权威高效的制度执行机制，加强对制度执行的监督，坚决杜绝做选择、搞变通、打折扣的现象。"很显然，这为重视制度、执行制度与完善制度提供了强大动力与坚定支持，进而为制度领导力的构建与实施提供了理论依据和现实意义。乡村振兴战略是新时代做好"三农"工作的总抓手，农村人力资本积累是农村发展质量的保障和反映，是事关我国农村可持续发展的重大经济问题。中央层面促进农村人力资本积累的具体部署各年度侧重点存在差异，说明提升农村人力资本积累是一个系统工作，很难通过单一政策工具来彻底解决人力资本积累不足问题（周京奎等，2019）。制度领导力在乡村振兴过程中可以促进多种政策工具的联动配合，以有效应对基层组织中存在的制度空转问题，有利于人力资本发挥出预期作用。所谓制度空转，是指法规、制度与政策等在现实运行中与制度设计预期目标相差甚远，或者说没有形成足够的制度效能，无法实现制度预期目标的现象，并具有隐蔽性的特征（董立人和朱佩娴，2020）。进而言之，虽然组织场域的制度对组织成员的作用主要体现为约束，领导者很难改变组织所处宏观环境的制度，但在组织内部，尽管受到上层制度的约束，随时间推移和组织发展，领导者的确拥有显著影响组织制度的能力（代江虹和葛京，2020）。这意味着领导者的行为可能对制度实施带来建设性影响，也有可能造成破坏性作用。而制度领导力可以规范领导者的思想和行为，减少个体领导力的风险性和不稳定性，促进积极效应的产生与持续。其实，优秀组织对自身独特意义的坚守甚至重于对经济利益的追求，因此不考虑制度逻辑对领导过程的深彻影响或简单地将制度因素视为组织经济绩效的影响因子，进而仅仅将领导重要性归结为影响组织经济绩效能力并不能刻画领导的全貌（李鹏飞等，2016），而制度领导力可以从一个新视角揭示出人力资本在乡村振兴战略实施过程中的动力机制与作用路径。

4.3.3　影响效应

中国乡村处于快速的变迁之中，伴随着农民的大规模流动，村庄边界开放，市场化因素进入，乡村社会结构发生了重大变化。今天的中国农民，正在逐步挣脱土地的束缚和社区的管约，直接面对现代国家的普遍性规则。现代政治不似传统的乡村政治那样关注人的德性，也无权惩治人心中的罪恶，只能从制度上做种种安排和规定，最大限度理性化地防范可能出现的各种不幸（董磊明和郭俊霞，2017）。在乡村振兴中，人力资本自身并不一定必然推动经济发展，需要结合其所处的制度情境及相应的领导方式来综合分析。换句话说，人力资本和其他生产要素在有效的制度领导力下才可能发挥作用，才有助于解决人力资本积累、投资与配置等环节中的一系列问题，并达成质量提升与数量增长。制度具有路径依赖的显著特征并需要人来设计和执行，在不同的人力资本结构与水平下，制度领导力的表现方式和实现路径也会有所不同。基于乡村振兴与人力资本，制度领导力的影响效应主要表现在以下三个方面：

（1）引导效应

制度凭借强制与非强制两种方式，规定了乡村基层组织与个人在人力资本投资方面的权力分配、责任承担与利益归属，有助于人力资本的投入和产出形成积极循环。在现实中，制度领导力的形成需要领导者的切实推动，这意味着当制度领导力真正落地时，组织决策层认可并接受了制度领导力的理念与方式，由此形成一种尊重制度、践行制度与建设制度的制度环境，为各类人才提供了相对公平、公正和公开的乡村文化或组织氛围，从而对人力资本产生较强的吸引作用。同时，在人力资本改造过程中，存在着积累与吸引之间的放大作用，乡村基层组织为了适应与匹配产业协同等新的时代趋势，在乡村振兴战略的支持下会加大对专业人才的人力资本投资力度，并拓宽招聘渠道，有利于形成地区或行业内的口碑效应，从而吸引更多的优秀人才向该乡村集聚。此外，人力资本作为引领乡村科技进步与新常态发展的重要影响要素，相对于物质资本与社会资本等其他资本形式而言，其主体具有独特的创新精神与学习能力，在人力资本的投入、生成、配置和产出过程中更容易受到制度领导力的影响，可以将人力资本导向特定的政策环境或产业领域中。另外，人才大量集聚增强了选拔任用乡村基层组织领导人员的可选择性与有效性，而优秀人才的参与有助于识别和规避制度空转。领导人员可以通过制定组织制度与完善现有制度等工作，将乡村组织的计划、结构与文化等深刻根植于制度之中，凭借组织来承载领导力，以弥补个人领导力的不确定性与不稳定性，从而促进乡村振兴战略的顺利实现。

（2）异质效应

作为一种特殊的资本形态，人力资本既具有质的不同，也存在量的区别，而这种表现为质的差异的人力资本即为异质型人力资本，在特定阶段可以实现边际报酬递增的效果。人力资本理论创始人 Schultz 教授曾提出人的经济价值的提高会形成对制度的新需求的观点，在乡村振兴中制度领导力对人力资本的异质作用即是促进人力资本由同质型向异质型转变，并且这种异质作用具有阶段性、适应性与时滞性等特点。首先，对人才有针对性和倾斜性的制度领导力可以推动人力资本所有者独特能力的形成与扩散；其次，在制度领导力下营造的制度环境和知识氛围可以增加人才对乡村基层组织的信任感与满意度，从而促进人才与组织之间的良性互动，有利于异质型人力资本的积累；最后，制度领导力可以影响人力资本的流动状况和配置效率，当不同类型与不同层次的人才与各自负责的工作匹配时，会形成人尽其才的良好局面，从而有助于人力资本形成异质形态。此外，尽管个体在进行人力资本投资决策时通常忽略人力资本的外部性，但人力资本的存量状况能够影响全部生产要素的生产率，即人力资本平均水平的提高既提升了物质资本的生产率，也提高了劳动者的生产率，为制度领导力的实现提供了物质基础与人力保障。需要指出的是，在宏观制度与微观制度的交互作用下，我国中西部乡村的人力资本可以吸收与利用东部先进地区的知识和技术，有助于乡村基层组织领导者理解制度、实施制度与完善制度，这会促进地区之间发展差距的缩小，即提高经济相对落后乡村的人力资本异质程度。

（3）嵌入效应

新经济社会学奠基人 Granovetter 教授提出过制度缘于被建构且其嵌入性由多种因素共同影响的观点，制度领导力的嵌入效应是指制度领导力根植并反作用于人力资本，通过组织层面的规定，一方面监督人的风险行为，另一方面激发人的创新能力，旨在保证人力资本开发的有效性与人力资本投资的收益性。人力资本不同于其他资本，其显著特征是不可分割性，只能依附于劳动力载体，而制度领导力的关键要素是领导者，因此制度领导力对乡村振兴中人力资本的嵌入既有关系嵌入也有结构嵌入，即发挥出一种全面的嵌入作用。需要指出的是，组织在持续迭代与试错中发展，人力资本特有的能动性有可能使制度领导力的类型与方式产生改变，而制度领导力的调整可能引起嵌入程度与范围发生变化。此外，人力资本的生成与发展有利于提升制度领导力的实现水平并扩大影响范围。一方面，人力资本集聚会增强人力资本所有者之间的竞合效应，推动各类人才在乡村振兴中不断加强学习交流与自我开发，提高对制度的理解能力与适应能力，从而提升制度领导力的实务性建设水平，即通过可操作的行为准则对人的行为产生规范与约束作用，以此来保证制度领导力能够真正落地；另一方面，开发利用人力资本是各类组织的共同追求，这就促使各类组织不得不重视人才培养，实施更为有效的人才吸引与激励政策，推动领导者对本地独特的价值完整性进行维护与更新，从而提升制度领导力的意义性建设水平，较为开放地引导人的认知与情绪，激发出与乡村特定情境相联系的主观能动性。

4.3.4　结论与启示

加快改造农村人力资本是实施乡村振兴战略的当务之急，制度领导力在其中具有引导效应、异质效应与嵌入效应，即制度领导力可以吸引人力资本并产生导向功能、促进异质型人力资本的形成与更新、根植于人力资本并保障对其开发的有效性和投资的收益性。需要注意的是，乡村之间存在明显差异，如村庄共同体的价值生产能力、地方性规范对村民的制约强度、村民间认同与集体行动的主导性边界、村民的生活面向等（董磊明和郭俊霞，2017）。因此，实施乡村振兴战略需要考虑到各个乡村的异同之处，在人力资本改造中因地制宜地发挥制度领导力的作用。首先，切实强化制度意识，制定科学合理的管理制度，提升乡村基层组织的制度领导力，将人才自主培养和外部引进有机结合，积极倡导各界人士参加乡村建设，并促进其他各类资本的加入和落实；其次，完善当地关于新型职业农民的配套制度，加大教育培训投资，提高人力资本异质化水平，增强乡村基层组织领导人员的个人领导力并与组织层面的制度领导力形成互动耦合，充分保障与落实基层用人主体的自主权；最后，完善优秀人才到乡村的挂职、兼职与创新创业制度，鼓励专业人才切实参与乡村振兴的基层组织制度建设，实施以知识产权明晰为基础、以知识价值为导向的分配政策，对边远贫困地区、边疆民族地区和革命老区的人力资本改造要重点注意，真正发挥出制度领导力的作用。

4.4 基于人力资本理论的创新能力开发

4.4.1 引言

随着经济社会的不断发展，中国进入到全新的历史发展时期。人们既对高校专业课程质量提出了严要求，也对创新教育发展指出了新思路，旨在推动学生人格的健康发展，并重点提升其创新能力。创新是引领发展的第一动力，是国家竞争力的决定性因素，建设创新型国家必须走自主创新之路，个体的创造力和创新行为不仅是自主创新的源泉和起点，也是实现可持续发展的根本动力（李宪印等，2019）。创业不仅能够帮助创业人员解决生存发展问题，还可以给他人带来就业机会，进而为社会创造巨大价值（郑世林和毛海军，2019）。与此同时，课程思政和创新能力开发的有机融合促进了高校教育教学的多样性与现代化，启发学生从系统思维的角度分析和解决问题，引导学生树立积极长远的发展目标。中国正在由"制造大国"到"创造大国"转变，对创新型人才的需求非常急切[①]，需要他们运用持续迭代升级的创新思维，引起发展中量变的积累与质变的发生。需要注意的是，大量高质人力资本的开发与积累，对于国家达成创新驱动型的经济发展必不可少，尤其是在新技术、新产品不断涌现的当今时代，提升人力资本改造速度，增加人力资

[①] 创新型人才指富于开拓性，具有创造能力，能开创新局面，对社会发展做出创造性贡献的人才。通常表现出灵活、开放、好奇的个性，具有精力充沛、坚持不懈、注意力集中、想象力丰富以及富于冒险精神等特征。

本投资力度，对于经济发展与社会进步既有宏观上的战略价值，也存在着现实中的紧迫要求。所以，高校课程内容的设计与实施，要根植于中国自身的本土特点，以课程思政为指导，充分利用线上与线下的各种教学资源，平衡专业能力提升与综合素质教育之间的关系，重视人力资本开发，真正开发出学生的系统创新思维与真正解决问题的能力。"薪酬管理"课程是人力资源管理专业的核心课程，是发挥企业吸引人才、保留人才的重要手段。目前，全国开设人力资源管理专业的各级各类学校都将"薪酬管理"课程纳入到专业课程（张霞，2013）。本节以"薪酬管理"混合式教学为例，研究课程思政背景下基于人力资本理论的创新能力开发，希望能够发现一些有益的结论和启示。

4.4.2　思政建设

高校作为培养人才的重要场所，其一举一动都影响着社会经济的发展，不仅影响着社会的发展速度，也影响着经济的整体水平。高校课程思政已经到了升级与深化的关键期，因此需要从提升认识、审视问题与优化机制等维度，进一步认知和把握课程思政建设过程中的关键问题，不断探索和创新工作机制，使高校思想政治工作的针对性和有效性得到持续提升（张驰和宋来，2020）。新时代赋予新使命，新使命需要创新型人才。创新型人才作为组织的核心与骨干，只有具备较高的思政水平，才能真正给组织带来积极影响，凝心聚力，激发员工的责任感和执行力，化解组织改革进程中产生的问题和矛盾，顺利推进组织的健康快速发展。以"薪酬管理"为例，许多高等院校编制的"薪酬管理"考试大纲，实践课分数只占到20%，而期末考试分数比例占到60%，学生只凭期末背背课本就能考取高分，对于日常的实践活动缺乏积极性（江雪，2015）。在这样的背景下，就亟须对"薪酬管理"进行课程思政等方面的建设，以培养出合格的社会主义接班人。思政建设的一个重要方面，是对学生品德的塑造。根据品德范畴的差异，品德可以分为公德与私德两方面，但在"薪酬管理"课程思政过程中对学生进行品德教育时，经常混淆二者之间的差异。梁启超在《论公德》一文中提到，人人独善其身者谓之私德，人人相善其群者谓之公德，二者皆人生所不可缺之具也（梁启超，2013）。对学生的品德培养，应该循序渐进并有所侧重进行，避免公德与私德的对立，将二者统一于整体的道德品质并服务于经济社会的创新实践。课程思政是把思想政治工作贯穿教育教学全过程的关键因素，也是学校新时代落实立德树人根本任务的基础性和全面性工作。通过开展课程思政建设，鼓励教师挖掘课程中蕴含的做人做事的基本道理，社会主义核心价值观的要求和民族复兴的责任与担当等育人要素，并将其融入教学过程中，形成教育者先受教育的良好氛围，这是教师开展课程思政建设的基本功，也是课程思政建设的重点（韩宪洲，2019）。

在创新型人才培养过程中的重点是促进人力资本由同质型向异质型转变，并且这种转变具有阶段性、适应性与时滞性等特点。在课程建设标准方面，近年来，随着各类组织变革的不断深入，管理中的科学主义诉求日益凸显，渗透在组织发展的方方面面，一系列评价指标体系应运而生。组织运营要有发展标准，与之相对应的，还要有品德标准、行为标准与业绩标准等。在这样的背景下，究竟应该以什么标准来对"薪酬管理"进行课程思政建设呢？实际上，不同的标准，使得对同一个人的评价会随着时间、空间与方式的转变而有所差异，这意味着在进行评价时，必须用历史的、全面的眼光来看待问题。大学生的思政素养与理论知识、工作技能、生活经验等有着本质区别，随着互联网与新媒体技术的发展以及教育培训的日常化和普及化，人们获得知识、技能及相关经验的渠道和方法十分便捷，知识、技能等显性因素的不足可以相对及时地得到充实。然而，人的思政水平则是一个人长期积累和有意识修炼的结果。此外，要做好思政方面的评价工作。事实上，评价本身就是提高大学生素质过程的一部分，也就是说，评价即开发。如果评价方式不当，很可能把大学生往精致的利己主义者方向引导。对"薪酬管理"进行课程思政建设，是新时代人才开发、人才考核乃至人才发展的重要组成部分，因此加强并完善"薪酬管理"课程建设具有重大的理论意义和实践价值。在未来，对课程进行评价，除了继续将定性评价与定量评价相结合，还应该将历史评价与未来评价相结合，将过程评价与结果评价相结合，将理想评价与现实评价结合。中国已经进入新时代，各大高校也进入了新的历史发展阶段，而对创新型人才的培养在很大程度上还是缺乏本土特色和时代内涵。实际上，对大学生创新能力的开发应该具有鲜明特色，那就是必须坚持党的领导，坚持习近平新时代中国特色社会主义思想，坚持德才兼备、以德为先。

4.4.3　方法改革

人力资本理论创始人 Schultz 教授指出，人力资本是由劳动力的知识、技能、经验与体力等构成的资本，是国民经济发展的重要因素。根据国内外的相关研究成果，学者们大多认同人力资本和组织创新之间具有紧密联系，即人力资本的开发与积累能够推动组织创新。任何管理理论和管理实践都离不开对人的认知，各种管理模式的差别，很大程度上是源于对人的认知不同（郑世林和杨智伟，2019）。"薪酬管理"作为人力资源管理的一个模块，在很大程度上是一门关注于"人"的课程，包括薪酬战略、基本薪酬、激励奖金、员工福利与薪酬诊断等内容。在课程思政背景下，教师应该基于人力资本理论对"薪酬管理"进行课程设计，并采用线上与线下相结合的混合式教学方法，提高学生的参与程度和学习热情。混合式教学中，学习者对于学习环境的认知会影响学习的方法和质量，教师既要关注"如何教"，更要关注"如何促进学"（邹燕等，2020）。进而言之，教师需要树立人力资本开发的教学理念，依照国家、高校与课程本身的标准要求，调研相关行业和用人单位的现实需求，进行全面的学情分析。与此同时，根据"薪酬管理"的课程定位与未来发展趋势，厘清"薪酬管理"的人才培养目标及实现这些目标所需的知识与能力等要素。明晰"薪酬管理"在培养创新型人才过程中的意义与功能，设置相应的考核方法，并建成薪酬管理案例库、平时作业库、章末习题库与关键性参考资料等教学资源，打造出"课前预习-课上学习-课后温习-课外实习"的链式混合教学模式。研究发现，学生在混合学习环境中的学习性投入，情感投入是六大投入维度中水平最高的，学生对于所采用的混合式学习教学方式充满兴趣，有着较高的热情。大部分学生都认为混合学习能提高他们的学习兴趣、调动学习积极性、提高自主学习能力、加强与教师和同伴的互动合作、拓宽知识获取的渠道等，与之前的学习经验相比，能够真正愿意投入更多时间来学习。运用混合学习后，学生对各类学习活动参与热情比以往踊跃很多，尤其在交互、反馈上较之以往同样课程学生表现有明显提升（马婧和周倩，2019）。因此，混合式教学方式对于"薪酬管理"课程的教学改革具有重要意义。

"薪酬管理"课程具有较强的操作性与应用性，在该课程的教学方法上目前积累了丰富经验，运用较为广泛的有案例教学法、小组合作式学习法、实验教学法和企业调查法（张霞，2013）。基于此，教师可以进一步根据人力资本理论优化学生的创新能力开发方式，推动课程思政和"薪酬管理"混合式教学的深度融合。具体而言，首先，转变教学理念，强调创新教育的重要性。创新型人才的培养与经济发展和社会进步密切相关，因此教师在"薪酬管理"授课中实施课程思政时，需要明确创新教育对帮助学生全面发展的重要价值，改变过去的传统教学思路，保证现有教学模式的前沿性与时代性，认真完成开发学生创新能力的重任。其次，改善教学内容，优化教学方式。"薪酬管理"的课程内容中，有大量人力资本理论的知识，教师可以从系统论的视角设计各个模块的授课方式，使学生具有家国情怀与奉献精神，并加强学生对创新能力的主动性感悟和学习。同时，教师在认可学生人力资本重要性的基础上，强化学生的学习交流与自我开发，促进创新型人力资本的生成与产出，并借助互联网等现代科技丰富教学手段，积极建成"薪酬管理"的慕课、微课、视频公开课与资源共享课等线上优质教学资源。最后，提高教学水平，丰富实践教学。教师应该具有高尚的品德与优秀的专业素养，真正做到立德树人，这就需要各个高校根据教师的实际情况开展各类培训活动，提升教师队伍的整体水平。具体而言，要注重"薪酬管理"课程的定位，加强"薪酬管理"课程建设，一方面有利于教师把握"薪酬管理"教学框架，更新教学内容；另一方面有利于学生掌握"薪酬管理"的理论知识框架及薪酬管理操作方法（林江珠，2018）。此外，构建阶段实习与综合实训等实践教学体系，使学生通过实践来深刻学习"薪酬管理"的知识与技能。不可忽视的是，一些新教学技术的快速发展与广泛运用，为学生提供了更加多元和个性的学习方式，有助于学生与教师之间形成开放积极的互动，从而达成事先设定的教学目标。

4.4.4 结语

创新型人才出现与成长的关键是要完善和落实创新教育，这在根本上是一项系统性的课程改革工程。在"薪酬管理"课程中对课程思政的运用、人力资本的积累与开发方式的升级，是当前教学改革的关键环节和重要任务。混合式教学绝不是只停留于对传统课堂的补充或叠加，也不是在线学习与线下教学两张皮的分离，而是对生命与教学环境相融性的重新思考与设计，使在线自主学习与线下教学环境融合联动，使生命与整个教学世界构成交融统一的整体，使教学呈现主体的顿悟、建构与创造的生命之象（唐松林等，2019）。在高校层面，在"薪酬管理"课程中对学生创新能力的开发需要有战略视野和长期准备，应该以创新发展为引领，充分利用中国学生人数众多、文化传统深厚的特征，提速人力资本开发内容和改造方式的变革，给予创新发展更多的动力和源泉。课程思政和创新教育的融合既可以大力推动教学改革的实施，也能够完善专业教育与创新教育的混合式教学生态环境，还满足了现代社会对创新型人才的要求，从而提升学生的综合素质。

第 5 章　研究结论

5.1　组织领导的理念、场域、风格与压力

在理念方面，人本矩阵是一个与时俱进的研究逻辑和理论框架，通过 4×4 的结构在直观上形成 16 个区域，横坐标是行为风格，纵坐标为心力模式，从心、力、行三个角度分析管理中的以人为本问题，而且心、力、行这三个核心概念具有相对较大的包容性与延展性。此外，以人为本是以标是行为风格，纵坐标为心力模式，从心、力、行三个角度分析管以人为本，其运作机制表现在心力模式与行为风格两方面，并与个体的职业生涯发展规律和具体任务或情境是一致的，其中的心力模式既适用于员工也包括领导者，具有动态性，而 DISC 行为风格的坐标可以归纳为"知"与"行"两个方面，且具有调适性。

在场域方面，工作角色意愿与工作角色能力匹配和家庭角色意愿与家庭角色能力匹配是对原有工作角色和家庭角色概念的拓展与深化。工作–家庭关系整合模型存在 16 个区域，代表着工作角色冷漠/无聊/焦虑/

激发与家庭角色冷漠/无聊/焦虑/激发的不同组合。工作-家庭关系研究领域的概念除了工作-家庭冲突、工作-家庭平衡与工作-家庭增益外，还存在着工作-家庭恶化。工作与家庭之间的各种关系能够系统地集成到一个模型中，通过此模型可以比较直观地判断出个体的工作-家庭关系类型，进而实施有针对性的管理。

在风格方面，家长式领导对于创业过程具有显著影响，领导者会将家的结构形式与运作机制、家里的角色定位与伦理关系、家中的态度与行为应用到创业组织员工身上，并产生深刻影响。在家长式领导的影响下，创业组织员工的工作-家庭关系由交互影响升级为交融影响，工作-家庭关系表现出独特的形成机理。

在压力方面，组织变革中工作特征的改变会形成不同的工作压力效应。障碍性工作要求、挑战性工作要求和工作资源的不利变化会形成消极工作压力，障碍性工作要求和工作资源的有利变化会形成积极工作压力。此外，员工的组织变革认知对于顺利实施组织变革有着至关重要的影响，且员工正面的组织变革认知评价有利于推进组织变革。

5.2 组织治理的功能、路径、情境与体验

在功能方面，数字乡村治理中领导权威的功能发挥表现为纵向功能、横向功能和循环功能，涉及数字经济、人力资本、生态环境和乡村文化等变量。其中，纵向功能为"数字经济-领导权威-生态环境"，横向功能为"乡村文化-领导权威-人力资本"，循环功能为"以领导权威为核心，数字经济-人力资本-生态环境-乡村文化双向循环"。

在路径方面，民族地区乡村治理的影响因素体现在历史与现实两个方面，特点包括治理情境的特殊性、治理目标的多元性和治理主体的民族性。现存问题主要有治理主线明确性不足、治理主体参与程度弱化、治理技术难以满足需求和企业生态责任履行缺位。民族地区乡村治理路径模型遵循"主线—结构—平台—补充"的内生逻辑，具体表现为"治理意识—治理主体—治理技术—治理责任—治理目标"。民族地区乡村治理的实践路径是铸牢中华民族共同体意识、推动具有民族特色的多元

主体参与、开发和应用符合民族实际的数字技术、强化民族地区企业生态责任建设四个方面，从而推动乡村振兴战略的全面实施，绘就民族地区乡村发展美丽画卷。

在情境方面，工作场所的沉浸体验具有特殊的三阶段内部因果结构，即沉浸体验的前提、经验与结果。在中国转型经济的情境下，工作场所沉浸体验的前提阶段强调外部的影响，经验阶段侧重个体的动机，结果阶段聚焦于个体的行为，从而形成一条符合逻辑的因果链条。同时，促进性焦虑在时间压力与沉浸体验之间具有正向的部分中介作用。此外，在时间压力的影响下，决策权力对促进性焦虑与沉浸体验之间的关系具有部分调节作用。

在体验方面，工作需求及其维度、工作控制及其维度、自觉体验所处的水平不同，人口统计变量对工作需求、工作控制与自觉体验存在差异性影响，工作需求对自觉体验具有显著的正向影响，工作需求对工作控制具有显著的正向影响，工作控制对自觉体验具有显著的正向影响，工作控制对工作需求与自觉体验之间的关系具有部分中介作用。

5.3　人才发展的逻辑、模式、关系与重点

在逻辑方面，在混合式教学方式逐渐普及的背景下，教育教学应该深入贯彻"立德树人"观念并融合"数字化"技术，以促进基于成果导向的人才发展建设。具体而言，基于社会主义核心价值观明确人才发展方向、围绕"立德树人"推进人才发展体系建设、利用数字资源完善人才发展的教学内容与方法建设、实施混合式教学监督与评价以促进人才发展改革升级。

在模式方面，人才培养强调创新创业应用，关注混合式技术手段，并基于数字经济现实将二者系统融合，打造出集班级讲授的群体优势和网络学习的个性特点为一体的全新模式。创新创业视角下的人才培养模式是以创新创业为教学导向，依托数字经济完善课程内容，应用深度混合的教学方法，开展全面准确的教学评价，从而培养出社会主义的合格建设者和可靠接班人。

在关系方面，加快改造农村人力资本是实施乡村振兴战略的当务之急，制度领导力在其中具有引导效应、异质效应与嵌入效应，即制度领导力可以吸引人力资本并产生导向功能、促进异质型人力资本的形成与更新、根植于人力资本并保障对其开发的有效性和投资的收益性。

在重点方面，对创新能力的开发需要有战略视野和长期准备，应该以创新发展为引领，充分利用中国学生人数众多、文化传统深厚的特征，提速人力资本开发内容和改造方式的变革，给予创新发展更多的动力和源泉。课程思政和创新教育的融合既可以大力推动教学改革的实施，也能够完善专业教育与创新教育的混合式教学生态环境，还满足了现代社会对创新型人才的要求，从而提升学生的综合素质。

参考文献

[1]   Nima A A, Rosenberg P, Archer T, et al. Anxiety, affect, self-esteem, and stress: Mediation and moderation effects on depression [J]. PLOS ONE, 2013, 8 (9): 1-8.

[2]   Alasadi D R, Askary D S. Employee involvement and the barriers to organizational change [J]. International Journal of Information, Business and Management, 2014, 6 (1): 29-52.

[3]   Alpert R, Haber R N. Anxiety in academic achievement situations [J]. The Journal of Abnormal and Social Psychology, 1960, 61 (2): 207.

[4]   Ariely D, Zakay D. A timely account of the role of duration in decision making [J]. Acta Psychologica, 2001, 108 (2): 187-207.

[5]   Aubé C, Brunelle E, Rousseau V. Flow experience and team performance: The role of team goal commitment and information exchange [J]. Motivation and Emotion, 2014, 38 (1): 120-130.

[6]   Averill J R. Personal control over aversive stimuli and its relationship to stress [J]. Psychological Bulletin, 1973, 80 (4): 286.

[7]   Bakker A B, Demerouti E, Sanz - Vergel A I. Burnout and work engagement: The JD-R approach [J]. Annual Review of Organizational Psychology and Organizational Behavior, 2014, 1 (1): 389-411.

[8]   Bakker A B, Demerouti E, Schaufeli W B. Dual processes at work in a call center: An application of the job demands - resources model [J].

European Journal of Work and Organizational Psychology, 2003, 12 (4): 393-417.

[9]   Beach L R, Mitchell T R. A contingency model for the selection of decision strategies [J]. Academy of Management Review, 1978, 3 (3): 439-449.

[10]   Beard K S, Hoy W K. The nature, meaning, and measure of teacher flow in elementary schools: A test of rival hypotheses [J]. Educational Administration Quarterly, 2010, 46 (3): 426-458.

[11]   Bono J, Glomb T, Shen W, et al. Building positive resources: Effects of positive events and positive reflection on work-stress and health [J]. Academy of Management Journal, 2013, 56 (6): 1601-1627.

[12]   Bordia R, Hunt E, Paulsen N, et al. Uncertainty during organizational change: Is it all about control? [J]. European Journal of Work and Organizational Psychology, 2004, 13 (3): 345-365.

[13]   Boswell W R, Olson-Buchanan J B, Lepine M A. Relations between stress and work outcomes: The role of felt challenge, job control, and psychological strain [J]. Journal of Vocational Behavior, 2004, 64 (1): 165-181.

[14]   Browne M W, Cudeck R. Single sample-cross validation indices for covariance structures [J]. Multivariate Behavioral Research, 1989, 24 (4): 425-455.

[15]   Butts M M, Becker W J, Boswell W R. Hot buttons and time sinks: The effects of electronic communication during nonwork time on emotions and work-nonwork conflict [J]. Academy of Management Journal, 2015, 58 (3): 763-788.

[16]   Carù A, Cova B. Revisiting consumption experience: A more humble but complete view of the concept [J]. Marketing Theory, 2003, 3 (2): 267-286.

[17]   Cavanaugh H A. An empirical examination of self reported work stress among US managers [J]. Journal of Applied Psychology, 2000, 85 (1): 65-74.

[18]   Csikszentmihalyi M, Massimini F. On the psychological selection of bio-cultural information [J]. New Ideas in Psychology, 1985, 3 (2): 115-138.

[19]   Csikszentmihalyi M. Flow: The psychology of optimal experience [M].

New York: Harper & Row, 1990.

[20] Csikszentmihalyi M. Play and intrinsic rewards [J]. Journal of Humanistic Psychology, 1975, 15 (3): 41-63.

[21] Dahl M S. Organizational change and employee stress [J]. Management Science, 2011 (57): 240-256.

[22] Demerouti E, Bakker A B. The job demands-resources model: Challenges for future research [J]. SA Journal of Industrial Psychology, 2011, 37 (2): 1-9.

[23] Edwards J R, Rothbard N P. Mechanisms linking work and family: Clarifying the relationship between work and family constructs [J]. Academy of Management Review, 2000, 25 (1): 178-199.

[24] Eisenberger R, Jones J R, Stinglhamber F, et al. Flow experiences at work: For high need achievers alone? [J]. Journal of Organizational Behavior, 2005, 26 (7): 755-775.

[25] Folkman S. Stress, appraisal, and coping [M]. Berlin: Springer Publishing Company LLC, 1984.

[26] Fugate M, Kinicki A J, Prussia G. Employee coping with organizational change: An examination of alternative theoretical perspectives and Models [J]. Personnel Psychology, 2008, 61 (1): 1-36.

[27] Fullagar C J, Kelloway E K. Flow at work: An experience sampling approach [J]. Journal of Occupational and Organizational Psychology, 2009, 82 (3): 595-615.

[28] Garud R, Giuliani A P. A narrative perspective on entrepreneurial opportunities [J]. Academy of Management Review, 2013, 38 (1): 157-160.

[29] George J M, Jones G R. The role of time in theory and theory building [J]. Journal of Management, 2000, 26 (4): 657-684.

[30] Greenhaus J H, Allen T D. Work-family balance: A review and extension of the literature [Z] //Quick J C, Tetrick L. Handbook of Occupational Health Psychology. 2011: 165-183.

[31] Greenhaus J H, Beutell N J. Sources of conflict between work and family roles [J]. Academy of Management Review, 1985, 10 (1): 76-88.

[32] Greenhaus J H, Powell G N. When work and family are allies: A theory of work-family enrichment [J]. Academy of Management Review,

2006, 31 (1): 72-92.

[33] Hakanen J J, Perhoniemi R, Toppinen-Tanner S. Positive gain spirals at work: From job resources to work engagement, personal initiative and work-unit innovativeness [J]. Journal of Vocational Behavior, 2008, 73 (1), 78-91.

[34] Hall K, Savery L K. Stress management [J]. Management Decision, 1987, 25 (6): 29-35.

[35] Häusser J A, Mojzisch A, Niesel M, et al. Ten years on: A review of recent research on The Job Demand-Control (-Support) Model and psychological well-being [J]. Work & Stress, 2010, 24 (1): 1-35.

[36] Hersey P, Blanchard K H. Management of organizational behavior: Utilizing human resources [M]. New Jersey: Prentice Hall, 1969.

[37] Hockey G R J, Hamilton P. The cognitive patterning of stress states [C] //Hockey G R J. Stress and Fatigue in Human Performance, 1983. 331-362.

[38] Hoffman D L, Novak T P. Marketing in hypermedia computer-mediated environments: Conceptual foundations [J]. Journal of Marketing, 1996, 60 (3): 50-68.

[39] Hunter L W, Thatcher S M B. Feeling the heat: Effects of stress, commitment, and job experience on job performance [J]. Academy of Management Journal, 2007, 50 (4): 953-968.

[40] Intino R S D, Goldsby M G, Houghton J D, et al. Self-leadership: A process for entrepreneurial success [J]. Journal of Leadership and Organizational Studies, 2007, 13 (4): 105-120.

[41] Jackson S A, Marsh H W. Development and validation of a scale to measure optimal experience: The flow state scale [J]. Journal of Sport and Exercise Psychology, 1996, 18 (1): 17-35.

[42] Jackson S A. Athletes in flow: A qualitative investigation of flow states in elite figure skaters [J]. Journal of Applied Sport Psychology, 1992, 4 (2): 161-180.

[43] Karasek R, Brisson C, Kawakami N, et al. The job content questionnaire (JCQ): An instrument for internationally comparative assessment of psychosocial job characteristics [J]. Journal of Occupational Health Psychology, 1998, 3 (4): 322-355.

[44] Karasek R. Job demands, job decision latitude, and mental strain:

Implications for job redesign [J]. Administrative Science Quarterly, 1979, 24 (2): 285-308.

[45] Karau S J, Kelly J R. The effects of time scarcity and time abundance on group performance quality and interaction process [J]. Journal of Experimental Social Psychology, 1992, 28 (6): 542-571.

[46] Keller R T. The role of performance and absenteeism in the prediction of turnover [J]. Academy of Management Journal, 1984, 27 (1): 176-183.

[47] Kelloway E K. Using LISREL for structural equation modeling: A researcher's guide [M]. Thousand Oaks, CA: Sage Publications, Inc., 1998.

[48] Muller D, Judd C M, Yzerbyt V Y. When moderation is mediated and mediation is moderated [J]. Journal of Personality and Social Psychology, 2005, 89 (6): 852-863.

[49] Kivimaki M, Vahtera J, Pentti J, Ferrie J E. Factors underlying the effect of organisational downsizing on health of employees: longitudinal cohort study [J]. British Medical Journal, 2000, 320 (7240): 971-975.

[50] Kosec K, Wantchekon L. Can information improve rural governance and service delivery? [J]. World Development, 2018 (12): 1-13.

[51] Kotter J P, Cohen D S. The heart of change: Real-life stories of how people change their organizations [M]. Boston: Harvard Business Review School Press, 2002.

[52] Kühnel J, Sonnentag S, Bledow R. Resources and time pressure as day-level antecedents of work engagement [J]. Journal of Occupational and Organizational Psychology, 2012, 85 (1): 181-198.

[53] Landsbergis P L. Occupational stress among health care workers: A test of the job demands-control model [J]. Journal of Organizational Behavior, 1988 (9): 217-239.

[54] Lazarus R S, Folkman S. Transactional theory and research on emotions and coping [J]. European Journal of Personality, 1987, 1 (3): 141-169.

[55] Lazarus R S. Psychological stress in the workplace [J]. Journal of Social Behavior & Personality, 1991, 6 (7): 1-13.

[56] Lepine J A, LePine M A, Jackson C. Challenge and hindrance stress: Relationships with exhaustion, motivation to learn, and learning performance [J]. Journal of Applied Psychology, 2004, 89 (5): 883-891.

[57] Lepine J A, Podsakoff N P, Lepine M A. A meta-analytic test of the challenge stressor-hindrance stereo framework: An explanation for inconsistent relationships among stressors and performance [J]. Academy of Management Journal, 2005, 48 (5): 765-775.

[58] Llorens S, Salanova M, Rodríguez A M. How is flow experienced and by whom? Testing flow among occupations [J]. Stress and Health, 2013, 29 (2): 125-137.

[59] Luthans F. The need for and meaning of positive organizational behavior [J]. Journal of Organizational Behavior, 2002, 23 (6): 695-706.

[60] Marston W M. Emotions of normal people [M]. New York: Cooper Press, 1928.

[61] Matthews J A, Winkel D E, Wayne J H. A longitudinal examination of role overload and work - family conflict: The mediating role of interdomain transitions [J]. Journal of Organizational Behavior, 2014, 35 (1): 72-91.

[62] Mauno S, Kinnunen U, Ruokolainen M. Job demands and resources as antecedents of work engagement: A longitudinal study [J]. Journal of Vocational Behavior, 2007, 70 (1), 149-171.

[63] McCauley C D. Assessing the developmental components of managerial jobs [J]. Journal of Applied Psychology, 1994, 79 (4): 544-560.

[64] McGinnis L P, Gentry J W, Gao T. The impact of flow and communitas on enduring involvement in extended service encounters [J]. Journal of Service Research, 2008, 11 (1): 74-90.

[65] Nakamuni J, Csikszentmihalyi M. The Concept of Flow [M] //Snyder C R, Lopez J S. Handbook of Positive Psychology. New York: Oxford University Press, 2002: 89-105.

[66] Nelson D L, Simmons B L. Eustress: An elusive construct, an engaging pursuit [J]. Research in Occupational Stress and Well Being, 2004 (3): 265-322.

[67] Perrewe P L, Ganster D C. Emotional and Physiological Processes and Positive Intervention Strategies [M]. Amsterdam: Elsevier JAI, 2003.

[68] Nerina L, Deborah J, Jimmieson T, et al. A longitudinal study of employee adaptation to organizational change: The role of change related information and change related self-efficacy [J]. Journal of Occupational Health Psychology, 2004, 9 (1): 11-27.

[69] Noblet A, Rodwell J, Mcwilliams J. Organizational change in the public sector: Augmenting the demand control model to predict employee outcomes under new public management [J]. Work & Stress, 2006, 20 (4): 335-352.

[70] Nohe C, Meier L, Sonntag K, et al. The chicken or the egg? A meta-analysis of panel studies of the relationship between work-family conflict and strain [J]. Journal of Applied Psychology, 2015, 100 (2): 522-536.

[71] Norito K, Fumio K, Shunichi A, et al. Assessment of job stress dimensions based on the job demands-control model of employee of telecommunication and electric power companies in Japan: Reliability and validity of the Japanese version of the job content questionnaire [J]. International Journal of Behavioral Medicine, 1995, 2 (4): 358-375.

[72] Nuebling M, Hasselhorn M. The copenhagen psychosocial questionnaire in Germany: From the validation of the instrument to the formation of a job-specific database of psychosocial factors at work [J]. Scandinavian Journal of Public Health, 2010, 38 (3): 120-124.

[73] Müller O, Sutter O, Wohlgemuth S. Learning to LEADER: Ritualised performances of "participation" in local arenas of participatory rural governance [J]. Sociologia Ruralis, 2020, 60 (1): 222-242.

[74] Oreg S. Change recipients' reactions to organizational change: A 60-year review of quantitative studies [J]. The Journal of Applied Behavioral Science, 2011, 23 (2): 542-574.

[75] Parker D F, DeCotiis T A. Organizational determinants of job stress [J]. Organizational Behavior and Human Performance, 1983, 32 (2): 160-177.

[76] Parker S H, Spring C A. Minimizing strain and maximizing learning: The role of job demands, job control, and proactive personality [J]. Journal of Applied Psychology, 1999, 84 (6): 925-939.

[77] Paustian-Underdahl S C, Halbesleben J R B, Carlson D S, Kacmar, et al. The work-family interface and promotability boundary integration as a double-edged sword [J]. Journal of Management, 2016, 42 (4): 960-981.

[78] Podsakoff N P, Lepine J A, Lepine M A. Differential challenge stressor-hindrance stressor relationships with job attitudes, turnover intentions,

turnover and withdrawal behavior: A meta-analysis [J]. Journal of Applied psychology, 2007, 92 (2): 438-454.

[79] Quinn R W. Flow in knowledge work: High performance experience in the design of national security technology [J]. Administrative Science Quarterly, 2005, 50 (4): 610-641.

[80] Rafferty A E, Griffin M A. Perceptions of organizational change: A stress and coping perspective [J]. Journal of Applied Psychology, 2006, 91 (5): 1154-1162.

[81] Roskes M, Elliot A J, Nijstad B A, et al. Time pressure undermines performance more under avoidance than approach motivation [J]. Personality and Social Psychology Bulletin, 2013, 39 (6): 803-813.

[82] Sagie A, Koslowsky M. Decision type, organizational control, and acceptance of change: An integrative approach to participative decision making [J]. Applied Psychology: An International Review, 1996, 45 (1): 85-92.

[83] Salanova M. Self-efficacy specificity and burnout among information technology workers: An extension of job demand-control model [J]. European Journal of Work and Organzational Psychology, 2002 (1): 1-25.

[84] Schaubroeck J, Jones J R, Xie J L. Individual differences in utilizing control to cope with job demands: Effects on susceptibility to infectious disease [J]. Journal of Applied Psychology, 2001, 86 (2): 265-278.

[85] Schaubroeck J, Lam S, Xie J L. Collective efficacy versus self-efficacy in coping responses to stressors and control: A cross-cultural study [J]. Journal of Applied Psychology, 2000, 85 (4): 512-525.

[86] Schumacker R E, Lomax R G. A beginner's guide to structural equation modeling [M]. NJ, Erlbaum: Hillsdale, 1998.

[87] Searle B J, Bright J E H, Bochner S. Testing the 3-Factor model of occupational stress: The impact of demands, control and social support on a mail sorting task [J]. Work & Stress, 1999, 13 (3): 268-279.

[88] Sidle S D. Best laid plans: Establishing fairness early can help smooth organizational change [J]. Academy of Management Executive, 2003, 17 (1): 127-128.

[89] Smulders P G W, Nijhuis F J N. The Job Demands-Job Control Model and absence behavior: Results of a 3-year longitudinal study [J].

Work & Stress, 1999, 13 (2): 115-131.

[90] Snyder C R, Sympson S C, Ybasco F C, et al. Development and validation of the state hope scale [J]. Journal of Personality and Social Psychology, 1996, 70 (2): 321-335.

[91] Söderfeldt M, Söderfeldt B, Ohlson C G, et al. The impact of sense of coherence and high - demand/low - control job environment on self - reported health, burnout and psycho physiological stress indicators [J]. Work & Stress, 2000, 14 (1): 1-15.

[92] Styhre A, Ingelgdrd A, Beausang P, et al. Emotional management and stress: Managing ambiguities [J]. Organization Studies, 2002, 23 (1): 83-103.

[93] Svensen E, Neset G, Eriksen H R. Factors associated with a positive attitude towards change among employees during the early phase of a downsizing process [J]. Scandinavian Journal of Psychology, 2007, 48 (2): 153-159.

[94] Svenson O, Edland A. Change of preferences under time pressure: Choices and judgements [J]. Scandinavian Journal of Psychology, 1987, 28 (4): 322-330.

[95] Synder C R. Hopeful Choices: A school counselor's guide to hope theory [J]. Professional School Counselling, 2002, 5 (5): 298-307.

[96] Timmons J. New venture creation [M]. 5th ed. New York: Irwin McGraw-Hill, 1999.

[97] Ulleberg P, Rundo T. Job stress, social support, job satisfaction and absenteeism among offshore oil personnel [J]. Work & Stress , 1997, 11 (3): 215-228.

[98] van der Doef M, Maes S. The Job Demand-Control (-Support) Model and psychological well-being: A review of 20 years of empirical research [J]. Work & Stress, 1999, 13 (2): 87-114.

[99] Hetty van Emmerik I J, Bakker A B, Euwema M C. Explaining employees' evaluations of organizational change with the job - demands resources model [J]. Career Development International, 2009, 14 (6): 594-613.

[100] van Ruysseveldt J, van Dijke M. When are workload and workplace learning opportunities related in a curvilinear manner? The moderating role of autonomy [J]. Journal of Vocational Behavior, 2011, 79 (2): 470-483.

［101］ Webster J R. Toward a better understanding of the effects of hindrance and challenge stressors on work behavior ［J］. Journal of Vocational Behavior, 2010, 76 (1): 68-77.

［102］ Webster J, Martocchio J J. The differential effects of software training previews on training outcomes ［J］. Journal of Management, 1995, 21 (4): 757-787.

［103］ Whetten D A, Cameron K S. Developing management skills ［M］. New York: Pearson Education, 2002.

［104］ Wright T A. Positive organizational behavior: An idea whose time has truly come ［J］. Journal of Organizational Behavior, 2003 (4): 274-289.

［105］ Xie J L, Schaubroeck J, Lam S S K. Psychological and immunological effects of worker control on coping with job demands: A longitudinal study ［J］. Academy of Management Proceedings & Membership Directory, 2000 (1): 11-16.

［106］ Xie J L, Schaubroeck J, Lam S S K. Theories of job stress and the role of traditional values: A longitudinal study in China ［J］. Journal of Applied Psychology, 2008, 93 (4): 831.

［107］ Xie J L. Karasek's model in the People's Republic of China: Effects of job demands, control, and individual differences ［J］. Academy of Management Journal, 1996, 39 (6): 1594-1618.

［108］ Yeung J. Role of traditional values on coping with stress among manufacturing workers in China: An empirical study ［J］. International Journal of Management, 2008, 25 (2): 224-236.

［109］ Yu M C. Employees' perception of organizational change: The mediating effects of stress management strategies ［J］. Public Personnel Management, 2009, 38 (1): 17-32.

［110］ 包蕾萍, 刘俊升. 心理一致感量表 (SOC-13) 中文版的修订 ［J］. 中国临床心理学杂志, 2005 (4): 399-401.

［111］ 蔡莉, 单标安. 中国情境下的创业研究: 回顾与展望 ［J］. 管理世界, 2013 (12): 160-169.

［112］ 曾垂凯, 时勘. 工作属性与员工心理健康的关系 ［J］. 现代生物医学进展, 2008 (11): 2126-2128.

［113］ 曾晖, 赵黎明. 组织行为学发展的新领域——积极组织行为学 ［J］. 北京工商大学学报 (社会科学版), 2007 (3): 84-90.

[114] 柴秋霞. 论数字游戏艺术的沉浸体验 [J]. 南京艺术学院学报（美术与设计版），2011（5）：119-123.

[115] 晁玉方. 大学生领导力教育的困境与未来发展 [J]. 高教学刊，2020（26）：41-43.

[116] 陈春花，梅亮，尹俊. 数字化情境下组织价值主张的识别与开发：基于企业微信的案例研究 [J]. 管理评论，2021，33（1）：330-339.

[117] 陈春花，尹俊，梅亮，韩夏. 企业家如何应对环境不确定性？基于任正非采访实录的分析 [J]. 管理学报，2020，17（8）：1107-1116.

[118] 陈纪，赵萍. 多元精英参与地方民族事务治理：基于乡村旅游治理实践形态的个案考察 [J]. 西北民族研究，2019（4）：90-101.

[119] 陈洁，丛芳，康枫. 基于心流体验视角的在线消费者购买行为影响因素研究 [J]. 南开管理评论，2009（2）：132-140.

[120] 陈艳，王二平. 基层审计机关负责人工作压力与工作满意度的研究 [J]. 审计研究，2010（2）：19-38.

[121] 成卓. 社会资本视角下破解西部民族地区农村深度贫困难题的路径选择 [J]. 西南金融，2020（9）：38-48.

[122] 程德俊. 信息结构、决策权结构和高参与型组织的变革 [J]. 中国工业经济，2005（11）：111-117.

[123] 程东亚，杨金香. 中华民族共同体意识融入民族地区校本课程开发路径探索 [J]. 西藏大学学报（社会科学版），2020，35（2）：188-193.

[124] 代江虹，葛京. 制度领导力研究述评与展望 [J]. 外国经济与管理，2020（3）：1-13.

[125] 戴国斌. 中国管理学研究的人本主义范式 [J]. 管理学报，2010（2）：171-176.

[126] 戴月. 高职院校线上教学评价体系构建研究——以"企业级数据库安装、配置与管理"课程为例 [J]. 北京印刷学院学报，2020，28（S2）：156-159.

[127] 邓丽芳，郑日昌. 组织沟通对成员工作压力的影响：质、量结合的实证分析 [J]. 管理世界，2008（1）：105-114.

[128] 邓鹏. 心流：体验生命的潜能和乐趣 [J]. 远程教育杂志，2006（3）：76.

[129] 丁志刚，王杰. 中国乡村治理70年：历史演进与逻辑理路 [J]. 中国农村观察，2019（4）：18-34.

[130] 董磊明，郭俊霞. 乡土社会中的面子观与乡村治理 [J]. 中国社会科学，2017（8）：147-160.

[131] 董立人，朱佩娴．制度空转的危害及其有效治理途径［J］．领导科学，2020（4）：29-31．

[132] 杜承秀．西部民族地区乡村治理中的新型社会组织及其法治化引导［J］．广西民族研究，2018（1）：18-24．

[133] 杜健梅，廖建桥．JDCS模型的修正及其在高校科研人员中的应用［J］．科学学研究，2003（4）：414-418．

[134] 樊庆元，杨国才．大理碑刻中伦理道德在民族乡村治理中的功用［J］．云南民族大学学报（哲学社会科学版），2016（6）：78-82．

[135] 高畅．数字技术在视频课程制作中的运用与创新思考［J］．河北广播电视大学学报，2020，25（5）：37-41．

[136] 高松，费舒霞．以行动学习整合企业领导力开发［J］．企业管理，2015（6）：70-72．

[137] 高中华，赵晨．工作家庭两不误为何这么难？基于工作家庭边界理论的探讨［J］．心理学报，2014（4）：552-568．

[138] 管前程．乡村振兴背景下民族地区村庄治理的发展走向［J］．贵州民族研究，2019，40（2）：50-55．

[139] 郭景福，田宇．民族地区特色产业减贫与高质量发展的机制与对策［J］．中南民族大学学报（人文社会科学版），2020，40（4）：144-148．

[140] 郭夏坤，向燕君．新中国成立以来党的民族政策发展历程及基本经验［J］．西藏发展论坛，2020（2）：21-26．

[141] 韩筠．在线课程推动高等教育教学创新［J］．教育研究，2020，41（8）：22-26．

[142] 韩宪洲．以课程思政推动立德树人的实践创新［J］．中国高等教育，2019（23）：12-14．

[143] 胡国栋．管理范式的后现代审视与本土化研究［M］．北京：中国人民大学出版社，2017．

[144] 黄开腾．论乡村振兴与民族地区农村"空心化"治理［J］．北方民族大学学报（哲学社会科学版），2019（2）：51-58．

[145] 黄少安．改革开放40年中国农村发展战略的阶段性演变及其理论总结［J］．经济研究，2018（12）：4-19．

[146] 黄兆信，黄扬杰．创新创业教育质量评价探新——来自全国1231所高等学校的实证研究［J］．教育研究，2019，40（7）：91-101．

[147] 季晨，周裕兴．乡村振兴背景下少数民族农村社会治理面临的新问题及应对机制［J］．贵州民族研究，2019（4）：27-31．

[148] 江红艳，孙配贞，何浏．工作资源对企业研发人员工作投入影响的实证研

究［J］.科技进步与对策，2012，29（6）：137-141.

[149] 江雪.能力导向的"薪酬管理"实践教学设计［J］.许昌学院学报，2015，34（4）：153-156.

[150] 江怡.如何摆正教与学的辩证关系——对一流本科课程建设的反思［J］.中国大学教学，2020（11）：11-16.

[151] 姜文锐，马剑虹.工作压力的要求——控制模型［J］.心理科学进展，2003（2）：209-213.

[152] 蒋晓蝶."双万计划"背景下学生评教的价值转向与数据构建［J］.上海教育评估研究，2020，9（6）：13-17.

[153] 蒋永穆，王丽萍，祝林林.新中国70年乡村治理：变迁、主线及方向［J］.求是学刊，2019，46（5）：1-10，181.

[154] 李宝元，许葵，常筱.工作价值论［J］.财经问题研究，2017（7）：3-12.

[155] 李栋，杨丽.课程理解：人工智能时代教师的存在方式［J］.高等教育研究，2020，41（12）：67-75.

[156] 李海峰.DISCover自我探索［M］.北京：电子工业出版社，2014.

[157] 李建兴.乡村变革与乡贤治理的回归［J］.浙江社会科学，2015（7）：82-87，158.

[158] 李军，龚锐，向轼.乡村振兴视域下西南民族村寨多元协同反贫困治理机制研究——基于第一书记驻村的分析［J］.西南民族大学学报（人文社科版），2020，41（1）：194-202.

[159] 李鹏飞，葛京，席酉民.制度领导研究的必要性与关键点［J］.软科学，2016，30（3）：56-59.

[160] 李松有."结构-关系-主体"视角下农村贫困治理有效实现路径——基于广西15个县45个行政村878户农民调查研究［J］.当代经济管理，2020，42（5）：41-50.

[161] 李维安，郝臣，崔光耀，等.公司治理研究40年：脉络与展望［J］.外国经济与管理，2019，41（12）：161-185.

[162] 李维安，徐建，姜广省.绿色治理准则：实现人与自然的包容性发展［J］.南开管理评论，2017，20（5）：23-28.

[163] 李宪印，张宝芳，姜丽萍.大学生创新行为的构成因素及其实证研究［J］.教育研究，2019，40（4）：91-100.

[164] 李枭.多元主体参与下的我国城市社区协同治理研究［M］.北京：经济科学出版社，2018.

[165] 李志义.建设一流本科 打造一流专业［J］.化工高等教育，2020，

37（2）：12-18.

[166] 李志义. 解析工程教育专业认证的成果导向理念［J］. 中国高等教育，2014（17）：7-10.

[167] 梁阿敏. 文化融合的可能路径——基于乡村振兴场域下法治与民俗的互动视角［J］. 原生态民族文化学刊，2020，12（1）：98-105.

[168] 梁启超. 新民说［M］. 北京：中国文史出版社，2013.

[169] 梁晓琳. 我国乡村建设中的生态环境问题思考［J］. 农村经济与科技，2020，31（20）：9-10.

[170] 廖林燕. 乡村振兴视域下边疆民族地区乡村治理机制创新研究［J］. 西北民族大学学报（哲学社会科学版），2018（1）：6-12.

[171] 廖业扬，李丽萍. 整体性治理视域下的乡村治理变革［J］. 吉首大学学报（社会科学版），2015（1）：60-65.

[172] 林江珠. "薪酬管理"课程教学存在问题及对策分析［J］. 黑河学院学报，2018，9（2）：120-121.

[173] 林忠，鞠蕾. 工作不满引发的EVLN行为演进研究［J］. 中国软科学，2010（10）：152-163.

[174] 林忠，孙灵希. 组织政治知觉类群划分及其对工作压力的影响［J］. 财经问题研究，2011（12）：108-115.

[175] 林忠，王慧. 财政干部胜任力与绩效关系的实证研究［J］. 财政研究，2008（3）：52-56.

[176] 林忠，杨阳. 移动互联网时代员工工作-家庭关系增益机理研究［J］. 财经问题研究，2016（2）：97-105.

[177] 林忠，郑世林. 时间压力对沉浸体验影响的内在机理——基于工作场所的实证研究［J］. 财经问题研究，2014（9）：107-113.

[178] 林忠，郑世林，夏福斌，等. 组织变革中工作压力的形成机理：基于国有企业样本的实证研究［J］. 中国软科学，2016（3）：84-95.

[179] 林忠，孟德芳，鞠蕾. WFEJDC：工作压力模型研究——基于FE模型与JDC模型的融合［J］. 中国工业经济，2014（3）：80-92.

[180] 刘得格，时勘，王永丽，等. 挑战-障碍性压力源与工作投入和满意度的关系［J］. 管理科学，2011，24（2）：1-9.

[181] 刘建军. 课程思政：内涵、特点与路径［J］. 教育研究，2020，41（9）：28-33.

[182] 刘鲁川，孙凯. 电子服务质量与沉浸体验对享乐型信息系统用户接受的影响［J］. 系统工程理论与实践，2011（S2）：160-164.

[183] 刘思亚. 组织变革感知、心理契约违背与知识创造绩效的关系［J］. 中国

科技论坛，2014（9）：90-94.

[184] 刘文彬，申小蓉，刘惠，等. 工科学生创新驱动型领导力的培养模式探索 [J]. 中国高等教育，2019（19）：32-34.

[185] 刘燕，薛蓉. 生态文明内涵的解读及其制度保障 [J]. 财经问题研究，2019（5）：19-25.

[186] 娄淑华，马超. 新时代课程思政建设的焦点目标、难点问题及着力方向 [J]. 新疆师范大学学报（哲学社会科学版），2021（5）：1-9.

[187] 罗红卫. 企业员工工作压力测量及其干预 [J]. 中国人力资源开发，2010（8）：37-41.

[188] 马婧，周倩. 混合式环境下大学生学习性投入维度构成及其实证研究 [J]. 教育发展研究，2019，39（Z1）：54-65.

[189] 毛翠云，侯文静，林香. 自我概念视角下家长式领导对员工沉默的影响机制研究 [J]. 领导科学，2018（5）：20-23.

[190] 毛海军，郑世林. 课程思政下基于人力资本理论的创新能力培养——以"薪酬管理"混合式教学为例 [J]. 大连民族大学学报，2020，22（4）：374-376，384.

[191] 梅汝莉. 培养领导力亟须吸纳传统文化的营养——从培养"社会主义建设者和接班人"说起 [J]. 中小学管理，2019（1）：32-33.

[192] 梅小亚. 新时代民族地区乡村治理的实践逻辑与路径选择 [J]. 贵州民族研究，2018，39（12）：42-47.

[193] 孟超，郭彩萍. 引入数字化教学资源完善高校"教学做一体化"模式研究 [J]. 成才之路，2020（27）：12-14.

[194] 尼尔森，等. 积极组织行为学 [M]. 王明辉，译. 北京：中国轻工业出版社，2011.

[195] 农淑英. 乡村社会治理中民俗文化的融入探讨——以广西中越边境民族乡村为考察对象 [J]. 学术论坛，2015（2）：84-87.

[196] 佩勒林. 4D卓越团队 [M]. 北京：中华工商联合出版社，2012.

[197] 彭家欣，杨奇伟，罗跃嘉. 不同特质焦虑水平的选择性注意偏向 [J]. 心理学报，2013（10）：1085-1093.

[198] 彭振. 民族事务治理法治化的实践及发展路径 [J]. 云南民族大学学报（哲学社会科学版），2020，37（3）：101-108.

[199] 史茜，舒晓兵，罗玉越. 工作需求控制支持压力模型及实证研究评析 [J]. 心理科学进展，2010（4）：655-663.

[200] 史少华，解继丽. 论沉浸理论在VB公共课教学中的应用 [J]. 昆明学院学报，2011（3）：76-78.

[201] 舒晓兵，廖建桥．工作压力与工作效率理论研究述评［J］．南开管理评论，2002（3）：20-23.

[202] 舒晓兵，孙健敏．JDCS模型及其对人力资源管理的启示［J］．江汉论坛，2010（9）：23-25.

[203] 舒晓兵．管理人员工作压力源及其影响——国有企业与私营企业的比较［J］．管理世界，2005（8）：105-113.

[204] 舒跃育．动机论对人性的阐发：人本主义心理学的典范意义［J］．西南民族大学学报（人文社科版），2016（6）：209-213.

[205] 斯乔．发现你的管理风格：DiSC帮助你成为高效经理人［M］．戴烽，芮静怡，译．北京：电子工业出版社，2014.

[206] 宋才发．社会治理法治化视阈下的民族地区乡村治理［J］．湖北民族大学学报（哲学社会科学版），2020（4）：1-9.

[207] 孙杰．领导力教育：培育和践行大学生核心价值观的新途径［J］．领导科学，2015（29）：37-38.

[208] 孙康宁，刘会霞．关于立德树人与一流课程建设的几点思考［J］．中国大学教学，2020（10）：49-53，68.

[209] 谭文平．少数民族地区乡村振兴视域下治理效能提升研究——基于西藏自治区日喀则市拉孜县G村的观察［J］．黑龙江民族丛刊，2020（1）：34-42.

[210] 唐松林，段皎晖，罗碧琼．混合教学的生命意象及其营造［J］．开放教育研究，2019，25（5）：49-56，98.

[211] 滕飞．管理者的雇佣歧视：辱虐管理分化的影响［J］．财经问题研究，2020（7）：121-129.

[212] 田夏彪．民族地区村落治理"四重矛盾"审视及突围路径［J］．广西社会科学，2017（2）：159-163.

[213] 王波，邹洋．新时期生态补偿与民族地区乡村振兴协调发展研究［J］．农村经济，2019（10）：30-37.

[214] 王晶，吴明霞，廖礼惠，等．国外工作-家庭平衡研究的现状述评［J］．心理科学进展，2010（8）：1269-1276.

[215] 王猛．乡村振兴下民族地区乡村治理创新的目标模式及实现路径［J］．广西民族研究，2019（6）：75-82.

[216] 王强．高职教育课程建设的思考［J］．辽宁高职学报，2009，11（3）：62-64，94.

[217] 王兴琼，陈维政．积极组织行为学与组织健康［J］．经济管理，2009（1）：91-95.

[218] 王亚华, 舒全峰. 中国乡村干部的公共服务动机: 定量测度与影响因素 [J]. 管理世界, 2018 (2): 93-102, 187-188.

[219] 王延中. 铸牢中华民族共同体意识建设中华民族共同体 [J]. 民族研究, 2018 (1): 1-8, 123.

[220] 王易, 陈玲. 民族地区铸牢中华民族共同体意识的现实问题及路径选择 [J]. 民族教育研究, 2019, 30 (4): 48-53.

[221] 王莺桦, 吴大华. 西南民族地区新型城镇化进程中乡村治理的法治化困境——基于独山县基长镇的调研与思考 [J]. 贵州社会科学, 2016 (12): 109-114.

[222] 王永丽, 何熟珍. 销售人员工作压力研究 [J]. 管理世界, 2008 (5): 182-183.

[223] 王玉峰, 杨多. 企业组织变革对员工压力的形成机制及压力管理研究 [J]. 贵州社会科学, 2014 (6): 94-99.

[224] 王志鸿. 对企业领导力开发有效性的再思考 [J]. 山东社会科学, 2016 (1): 188-192.

[225] 王重鸣, 吴挺. 互联网情境下的创业研究 [J]. 浙江大学学报 (人文社会科学版), 2016, 46 (1): 131-141.

[226] 王重鸣. 心理学研究方法 [M]. 北京: 人民教育出版社, 2000.

[227] 吴明隆. 结构方程模型——AMOS 的操作与应用 [M]. 2 版. 重庆: 重庆大学出版社, 2010: 39-53.

[228] 萧鸣政, 陈新明. 中国人才评价制度发展 70 年分析 [J]. 行政论坛, 2019, 26 (4): 22-27.

[229] 谢幼如, 邱艺, 黄瑜玲, 等. 智能时代高校课程思政的设计理论与方法 [J]. 电化教育研究, 2021, 42 (4): 76-84.

[230] 熊娜. JDC 模型下硕士层级的师生关系探究 [J]. 理工高教研究, 2010 (1): 85-88.

[231] 徐永其, 宣昌勇, 孙军. 新商科创新创业人才跨界培养模式的实践探索 [J]. 中国高等教育, 2020 (24): 44-46.

[232] 徐勇. 历史延续性视角下的中国道路 [J]. 中国社会科学, 2016 (7): 4-25, 204.

[233] 严太华, 赖炳根, 蒲清平, 等. 大学生领导力培养体系构建的原则与实施途径 [J]. 学校党建与思想教育, 2013 (19): 53-54.

[234] 杨林锋, 胡君辰. 工作压力调节和中介作用分析: 以工作控制模型为例 [J]. 软科学, 2010 (7): 78-83.

[235] 杨祥, 王强, 高建. 课程思政是方法不是"加法"——金课、一流课程及

课程教材的认识和实践 [J]. 中国高等教育，2020 (8)：4-5.

[236] 杨永福，李必强，海峰，等. 动机、行为和激励分析 [J]. 中国管理科学，2000 (S1)：142-148.

[237] 杨玉文，吴爱玲. 民族地区碳排放驱动机制分析及趋势预测 [J]. 云南民族大学学报 (哲学社会科学版)，2020 (3)：88-95.

[238] 杨玉文，张树安. 发展经济学 PBGS 教学法探究 [J]. 晋城职业技术学院学报，2014，7 (4)：45-47.

[239] 杨智伟. 新型国有企业及其管理特点探析 [J]. 中外企业家，2016 (22)：72-74.

[240] 姚作为. 人本管理研究述评 [J]. 科学学与科学技术管理，2003 (12)：68-73.

[241] 应小丽，钱凌燕. 非农化背景下乡土公共性的再生产与乡村治理变革 [J]. 浙江师范大学学报 (社会科学版)，2015 (6)：50-55.

[242] 袁庆华，胡炬波，王裕豪. 中文版沉浸体验量表 (FSS) 在中国大学生中的试用 [J]. 中国临床心理学杂志，2009 (5)：559-561.

[243] 翟坤周. "三农" 发展的时代意蕴与乡村振兴的集成路径 [J]. 福建论坛 (人文社会科学版)，2019 (6)：48-56.

[244] 张驰，宋来. "课程思政" 升级与深化的三维向度 [J]. 思想教育研究，2020 (2)：93-98.

[245] 张冲. 中小学生沉浸体验量表编制研究 [J]. 中国特殊教育，2011 (8)：91-96.

[246] 张春龙. 乡村治理需要弄清三个基本问题 [N]. 学习时报，2020-03-04.

[247] 张海燕. 基于 JDC、自我效能感与工作绩效的工作压力扩展模型 [J]. 企业活力，2011 (3)：67-70.

[248] 张建卫，张华伟，刘玉新. 社会变革期领导干部的工作压力：理论解析与管理策略 [J]. 中国行政管理，2011 (2)：62-65.

[249] 张婕，樊耘，纪晓鹏. 组织变革因素与员工对变革反应关系研究 [J]. 管理评论，2013，25 (11)：53-64.

[250] 张伶，聂婷. 员工积极组织行为影响因素的实证研究：工作-家庭冲突的中介作用 [J]. 管理评论，2011 (12)：100-115.

[251] 张男星. 以 OBE 理念推进高校专业教育质量提升 [J]. 大学教育科学，2019 (2)：11-13+122.

[252] 张卫东，刁静. 正、负性情绪的跨文化心理测量：PANAS 维度结构检验 [J]. 心理科学，2004，27 (1)：77-79.

[253] 张霞，胡建元. 人力资源管理专业核心课程 "薪酬管理" 实验教学体系创

新设计研究 [J]. 实验技术与管理，2014，31（11）：201-203+211.

[254] 张霞. 人力资源管理专业研究性实验教学创新设计与实践——以"薪酬管理"课程为例 [J]. 实验技术与管理，2013，30（8）：135-137，147.

[255] 张笑峰，尚玉钒，李圭泉，等. 中国企业一把手"领袖化"过程：领导权威形成机制的探讨 [J]. 南开管理评论，2015，18（3）：4-12.

[256] 张永军，张鹏程，赵君. 家长式领导对员工亲组织非伦理行为的影响：基于传统性的调节效应 [J]. 南开管理评论，2017，20（2）：169-179.

[257] 张长立. 领导权威的实质及其运行规律探微 [J]. 苏州大学学报（哲学社会科学版），2010，31（6）：23-25.

[258] 赵聪环，周作宇. 论大学生的自我领导力教育 [J]. 大学教育科学，2017（2）：97-103，127.

[259] 赵凌燕. 高校辅导员建设中的工作压力分析与管理——基于JDCS模式的思考 [J]. 四川民族学院学报，2010（4）：87-90.

[260] 赵曙明，张敏，赵宜萱. 人力资源管理百年：演变与发展 [J]. 外国经济与管理，2019，41（12）：50-73.

[261] 赵曙明，张紫滕，陈万思. 新中国70年中国情境下人力资源管理研究知识图谱及展望 [J]. 经济管理，2019，41（7）：190-208.

[262] 赵西萍，赵欣，黄越. Karasek工作压力模型的扩展：自我效能感与工作控制匹配性模型的实证研究 [J]. 中国软科学，2008（10）：108-117.

[263] 赵西萍，赵欣. 工作压力作用机制中工作控制的调解效应——基于Karasek模型 [J]. 科技管理研究，2009（6）：385-387.

[264] 赵翔. 依法治国视域下石漠化地区民族村寨治理研究 [J]. 贵州民族研究，2015，36（3）：36-40.

[265] 赵欣，刘倩，于玲玲. 工作压力学习效应研究述评与三元互惠模型构建 [J]. 外国经济与管理，2013（2）：52-62.

[266] 赵欣，赵西萍，梁栋. Karasek工作压力扩展模型的实证研究 [J]. 软科学，2009（4）：127-132.

[267] 赵欣，赵西萍. 自我效能感与工作控制的匹配性模型——对Karasek工作压力模型的扩展 [J]. 预测，2010（1）：27-34.

[268] 赵早. 乡村治理模式转型与数字乡村治理体系构建 [J]. 领导科学，2020（14）：45-48.

[269] 郑丽梅，张凤军. 基于JDCS压力模型的我国公务员职业倦怠研究 [J]. 经营管理者，2009（9）：7.

[270] 郑世林，毛海军. 家长式领导对创业员工工作-家庭关系的影响机理研究 [J]. 领导科学，2019（4）：72-74.

[271] 郑世林，毛海军. 乡村振兴背景下民族地区乡村治理路径研究 [J]. 财经问题研究，2021（5）：22-29.

[272] 郑世林，夏福斌. 工作-家庭关系的理论整合与模型重构 [J]. 财经问题研究，2017（6）：138-144.

[273] 郑世林，杨智伟. 以人为本与人本矩阵：情境领导与 DISC 的理论融合 [J]. 财经问题研究，2019（4）：30-36.

[274] 周京奎，王贵东，黄征学. 生产率进步影响农村人力资本积累吗？——基于微观数据的研究 [J]. 经济研究，2019，54（1）：100-115.

[275] 周文翠. 绿色经济发展中的企业生态责任及其实现机制研究 [J]. 甘肃理论学刊，2017（1）：59-64.

[276] 周喜梅，黄恒林. 民族地区村居法律顾问制度的理论阐释及实现路径——基于 G 自治区 H 市的调研与思考 [J]. 湖北民族学院学报（哲学社会科学版），2019，37（6）：51-58.

[277] 邹燕，冯婷莉，赵一凡. 混合式教学模式的设计与实践研究 [J]. 中国高等教育，2020（1）：58-60.

索引